主编　李天纲

中国国家图书馆藏

民国西学要籍汉译文献·经济学（第四辑）

十八九世纪欧洲土地制度史纲

[法]施亨利（H.See）著

郭汉鸣　编译

上海社会科学院出版社
Shanghai Academy of Social Sciences Press

图书在版编目(CIP)数据

十八九世纪欧洲土地制度史纲/（法）施亨利（See,H.）著；郭汉鸣编译．—上海：上海社会科学院出版社，2016
（民国西学要籍汉译文献/李天纲主编．经济学）
ISBN 978-7-5520-1189-0

Ⅰ．①十…　Ⅱ．①施…②郭…　Ⅲ．①土地制度－欧洲－近代　Ⅳ．①F350.11

中国版本图书馆CIP数据核字(2016)第046230号

十八九世纪欧洲土地制度史纲

主　　编：李天纲
编　　纂：赵　炬
责任编辑：唐云松
特约编辑：陈宁宁
封面设计：清　风
策　　划：赵　炬
执　　行：取映文化
加工整理：嘎　拉　江　岩　牵　牛　莉　娜
责任校对：笑　然
出版发行：上海社会科学院出版社
　　　　　上海淮海中路622弄7号　电话63875741　邮编200020
　　　　　http://www.sassp.org.cn　E-mail:sassp@sass.org.cn
排　　版：上海永正彩色分色制版有限公司
印　　刷：常熟市人民印刷厂
开　　本：650×900毫米　1/16开
字　　数：180千字
印　　张：16.375
版　　次：2016年4月第1版　2016年4月第1次印刷

ISBN 978-7-5520-1189-0/F.383　　定价：78.00元（精装）

民国西学：中国的百年翻译运动

——『民国西学要籍汉译文献』序

李天纲

继唐代翻译印度佛经之后，二十世纪是中文翻译历史上的第二个高潮时期。来自欧美的『西学』，以巨大的规模涌入中国，参与改变了一个民族的思维方式，这在人类文明史上也是罕见的。域外知识大规模地输入本土，与当地文化交换信息，激发思想，乃至产生新的理论，全球范围也仅仅发生过有数的那么几次。除了唐代中原人用汉语翻译印度思想之外，公元九、十世纪阿拉伯人翻译希腊文化，有一场著名的『百年翻译运动』之外，还有欧洲十四、十五世纪从阿拉伯、希腊、希伯来等『东方』民族的典籍中翻译古代文献，汇入欧洲文化，史称『文艺复兴』。中国知识分子在二十世纪大量翻译欧美『西学』，可以和以上的几次翻译运动相比拟，称之为『中国的百年翻译运动』、『中国的文艺复兴』并不过分。

运动似乎是突如其来，其实早有前奏。梁启超（1873–1929）在《清代学术概论》中说：『自明末徐光启、李之藻等广译算学、天文、水利诸书，为欧籍入中国之始。』利玛窦（Mateo Ricci, 1552–1610）、徐光启、李之藻等人发动的明末清初天主教翻译运动，比清末的『西学』早了二百多年。梁启超有所不知的是：利、徐、李等人不但翻译了天文、历算等『科学』著作，还翻译了诸如亚里士多德《论灵魂》（《灵言蠡勺》）、《形而上学》（《名理探》）等神学、哲学著作。梁启超称明末翻译为『西学东渐』之始是对的，但他说其『范围亦限于天（文）、（历）算』，则误导了他的学生们一百年，直到今天。

从明末到清末的『西学』翻译只是开始，而且断断续续，并不连贯成为一场『运动』。各种原因导致了『西学』的挫折：被明清易代的战火打断；受清初『中国礼仪之争』的影响，欧洲在1773年禁止了耶稣会士的传教活动，以及儒家保守主义思潮在清代的兴起。鸦片战争以后很久，再次翻译『西学』，仍然只在上海和江南地区。从翻译规模来看，以上海为中心的翻译人才、出版机构和发行组织都比明末强大了，影响力却仍然有限。梁启超说：『惟（上海江南）制造局中尚译有科学书二三十种，李善兰、华蘅芳、赵仲涵等任笔受。其人皆学有根底，对于所译之书责任心与兴味皆极浓重，故其成绩略可比明之徐、李。』梁启超对清末翻译的规模估计还是不足，但说『戊戌变法』之前的『西学』翻译只在上海、香港、澳门等地零散从事，影响范围并不及于内地，则是事实。

对明末和清末的『西学』做了简短的回顾之后，我们可以有把握地说：二十世纪的中文翻译，或曰中华民国时期的『西学』，才是称得上有规模的『翻译运动』。也正是在二十世纪的一百年中，数以千计的『汉译名著』成为中国知识分子的必读教材。1905年，清朝废除了科举制，新式高等教育以新建『大学堂』的方式举行，而不是原来尝试的利用『书院』系统改造而成。新建的大学、中学，数理化、文史哲、政经法等等学科，都采用了翻译作品，甚至还有西文原版教材，于是，中国读书人的思想中又多了一种新的标杆，即在『四书五经』之外，还必须要参考一下来自欧美的『西方经典』，甚至到了『言必称希腊、罗马』的程度。

我们在这里说『民国西学』，它的规模超过明末、清末；它的影响遍及沿海、内地；它借助二十世纪的新式教育制度，渗透到中国人的知识体系、价值观念和行为方式中，这些结论虽然都还需要论证，但从一般直觉来看，是可以成立的。中国二十世纪的启蒙运动，以及『现代化』、『世俗化』、『理性化』，都与『民国西学』的翻译介绍直接有关。然而，『民国西学』到底是一个多大的规模？它是一个怎样的体系？它们是以什么方式影响了二十世纪的中国思想？这些问题都还没有得到认真研究，我们并没有一个清晰的认识。还有，哪些著作得到了翻译，哪些译者的影响最大？『西学东渐』的代表，明末有徐光启，清末有严复，那『民国西学』的代表作在哪里？这一系列问题我们并不能明确地回答，原因就在我们对民国翻译出版的西学著作并无一个全程的了解，民国翻译的那些哲学、社会科学、人文学科的『西学』著作，束之高阁，已经好多年。

举例来说，1935年，上海生活书店编辑《全国总书目》，『网罗全国新书店、学术机关、文化团体、图书馆、政府机关、研究学会以及个人私家之出版物约二万种』。就是用这二万种新版图书，生活书店编制了一套全新分类，分为：『总类、哲学、社会科学、宗教、自然科学、文艺、语文学、史地、技术知识』。一瞥之下，这个图书分类法比今天的『人大图书分类法』更仔细，因为翻译介绍的思潮、学说、学科、流派更庞大。尽管并没有统一的『社科规划』和『文化战略』，『民国西学』却在『中国的文艺复兴』运动推动下得到了长足发展。查看《全国总书目》（上海，生活书店，1935），在『社会科学·社会科学一般·社会主义』的子目录下，列有『社会主义概论、社会主义史、科学的社会主义、无政府主义、基尔特社会主义、乌托邦社会主义、基督教社会主义、议会派社会主义』等；在『社会科学·政治·政体政制』的子目录下，列有『政治制度概论、政治制度史、宪政、民主制、独裁制、联邦制、各种政制评述、各国政制、中国政制、现代政制、中国政制史』等，翻译、研究和出版，真的是与欧美接榫，与世界同步。1911年以后的38年的『民国西学』为二十世纪中国学术打下了扎实的基础，而我们却长期忽视，不作接续。

编辑出版一套『民国西学要籍汉译文献』，把中华民国在大陆38年期间翻译的社会科学和人文学科著作重新刊印，对于我们估计、认识和研究『中国的百年翻译运动』、『中国的文艺复兴』，接续当时学统，无疑是有着重要的意义。1980年代初，上海、北京的学术界以朱维铮、庞朴先生为代表，编辑『中国文化史丛书』，一个宗旨便是要接续1930年代商务印书馆王云五主编『中国文化史丛书』，重振旗鼓，『整理国故』，先是恢复，然后才谈得上去超越。遗憾的是，最近三十年的『西学』研究却似乎没有采取『接续』民国传统的方法来做，我们急急乎又引进了许多新理论，诸如控制论、信息论、系统论……还有『老三论』、『新三论』、『后现代』、『后殖民』等等新理论，对『民国西学』弃之如敝屣，避之唯恐不及。

民国时期确实没有突出的翻译人物，我们是指像严复那样的学者，单靠『严译八种』的稿酬就能成为商务印书馆大股东，还受邀请担任多间大学的校长，几份报刊的主笔。但是，像王造时（1903–1971）先生那样在『西学』翻译领域做出重要贡献，然后借此『西学』，主编报刊、杂志，在『反独裁』、『争民主』和『抗战救国』等舆论中取得重大影响的人物也不在少数。王造时的翻译作品有黑格尔的《历史哲学》、摩瓦特的《近代欧洲外交史》、《现代欧洲外交史》、拉铁耐的《美国外交政策史》、拉斯基的《国家的理论与实际》、《民主政治在危机中》。1931年，王先生曾担任光华大学教授，文学院长，政治系主任，后来创办了《主张与批评》（1932）、《自由言论》（1933），组织『中国民权保障同盟』（1932）。他在上海舆论界发表宪政、法治、理性的自由主义；他在大学课堂上讲授的则是英国费边社社会主义、工联主义和公有化理论（见王造时著《荒谬集·我们的根本主张》，1935，上海，自由言论社）。非常可惜的是，王造时先生这样复杂、混合而理想主义的政治学理论和实践，在最近三十年的社会科学、人文学科中并无讨论，原因显然是与大家不读，读不到，没有再版其作品有关。

我们说，『民国西学』本来是一个相当完备的知识体系，在经历了一个巨大的『断裂』之后，学者并没有好好地反省一下，哪些可以继承和发展，哪些应该批判和扬弃。民国时期好多重要的翻译著作，我们都没有再去翻看，认真比较，仔细理解。『改革、开放』以后，又一次『西学东渐』，大家只是急着去寻找更加新颖的『西学』，用新的取代旧的，从尼采、弗洛伊德……到福柯、德里达……就如同东北谚语讽刺的那样：『熊瞎子掰包谷，掰一个丢一个。』中国学者在『西学』武库中寻找更新式的装备，在层出不穷的『西学』面前特别害怕落伍。这种心态里有一个幻觉：更新的理论，意味着更确定的真理，因而也能更有效地在中国使用，或者借用，来解决中国的问题。这种实用主义的『西学观』，其实是一种懒惰、被动和浮躁的短视见解，不能积累起一个稍微深厚一点的现代文化。

讨论二十世纪的『西学』，一般是以五四『新青年』来代表，这其实相当偏颇。胡适、陈独秀等人固然在介绍和推广『西学』，倡导『启蒙』时居功至伟，但是『新文化运动』造成不断求新的风气，也使得这一派的『西学』浅尝辄止，比较肤浅，有些做法甚至不能代表『民国西学』。胡适先生回忆他们举办的《新青年》杂志，有一个宗旨是要『输入学理』，即翻译介绍欧洲的社会科学、人文学科知识，他还大致理了一个系统，说『我们的《新青年》杂志，便曾经发行过一期「易卜生专号」，专门介绍这位挪威大戏剧家易卜生，在这期上我写了首篇专论叫《易卜生主义》。《新青年》也曾出过一期「马克思专号」。另一个《新教育月刊》也曾出过一期「杜威专号」。至于对无政府主义、社会主义、共产主义、日耳曼意识形态、盎格鲁·萨克逊思想体系和法兰西哲学等等的输入，也就习以为常了。』（唐德刚编译：《胡适口述自传》，北京，华文出版社，1992年，第191页）。胡适晚年清理的这个翻译目录，就是那一代青年不断寻找『真理』的轨迹。三四十年间，他们从一般的人性论学说，到无政府主义、社会主义、马克思主义；从不列颠宪政学说，到法兰西暴力革命理论、德意志国家主义思想，再到英格兰自由主义主张，大致就是『输入学理』运动中的全部『西学』。

胡适一语道破地说：『这些新观念、新理论之输入，基本上为的是帮助解决我们今日所面临的实际问题。』胡适并不认为这种『活学活用』、『急用先学』的做法有什么不妥。相反，二十世纪中国知识分子接受『西学』的方法论，大多认为翻译为了『救国』，如同进口最新版本的克虏伯大炮能打胜仗，这就是『天经地义』。今天看来，这其实是一种庸俗意义的『实用主义』，是生吞活剥，不加消化，头痛医头，脚痛医脚的简单思维，或曰：是『夺他人之酒杯，浇自己之块垒』。从我们收集整理『民国西学要籍汉译文献』的情况来看，『民国西学』是一个比北大『启蒙西学』更加完整的知识体系。换句话说，我们认为『五四运动』及其启蒙大众的『西学』并不能够代表二十世纪中国西学翻译运动的全部面貌，在北大的『启蒙西学』之外，还有上海出版界翻译介绍的『民国西学』。或许我们应该把『启蒙西学』纳入『民国西学』体系，『中国的百年翻译运动』才能得到更好的理解。

我们认为：中国二十世纪的西学翻译运动，为汉语世界增加了巨量的知识内容，引进了不同的思维方式，激发了更大的想象空间，这种跨文化交流引起的触动作用才是最为重要的。二十世纪的中国文化变得不古不今，不中不西，并非简单的外来『冲击』所致，而是由形形色色的不同因素综合而成。外来思想中包含的进步观点、立场、方案、主张、主义……具有普世主义的参考价值，但都要在理解、消化、吸收后才能成为汉语语境的一部分，才会有更好的发挥。在这一方面，明末徐光启有一个口号可以参考，那便是『欲求超胜，必须会通；会通之前，必先翻译』。反过来说，『翻译』的目的，是为了中西文化之间的融会贯通，而非搬用；『会通』的目的，不是为了把新旧思想调和成良莠不分，而是一种创新——『超胜』出一种属于全人类的新文明。二十世纪的『民国西学』，是人类新文明的一个环节，值得我们捡起来，重头到底地细细阅读，好好思考。上海社会科学院出版社邀我主编『民国西学要籍汉译文献』，献弁言于此，是为序。

2016年3月20日，于阳光新景寓所

[法]施亨利（H.See）著
郭漢鳴 編譯

十八九世紀歐洲土地制度史綱

中華民國二〇十四年九月初版

序

土地制度係經濟制度與社會制度之基礎，故土地制度史，可作經濟史及社會史讀。歐洲十八世紀前之國民經濟，繫于農業。社會組織，尚屬農業封建時代，以是十八世紀前之經濟社會，變化無多。迨十八世紀工商業發展近代國家制度完成，經濟及社會，均起劇烈變動。至十九世紀，資本主義，登峯造極，社會思想，于以萌發，繼往開來，此兩世紀，誠爲歐洲史最重要之時期，此時期中土地制度之探討，爲研究經濟史及社會史之重要關鍵。此後封建農業制度，農奴制度，以及定律之三圃經營制，均告一段落，在英，大地主制度確定，在法，德謨克拉西實現，在德，二極制產生，社會經濟，大趨改變，終之，造成今日之新時代。

鑒往知來，他山攻錯，故本院數年來頗努力于中外土地制度之研究。關于中國田制史，本院教授萬國鼎先生，已有巨著，編爲地政學會叢書行世。去秋本院決編譯歐西土地問題巨著二十種，爲本院叢書第一集。倩郭漢鳴先生譯Henri Seé: Esquisse d, une

Histoiré du Régime agraire en Europe aux 18ᵉ et 19ᵉ Siecles 歐洲十八九世紀土地制度史綱，編爲本院叢書之一。按年來關于戰後各國土地改革之論文及譯作，已數見不鮮，獨對于戰前最重要時期之各國土地制度及其改革與演進，尙乏專書，洵爲學術上之缺點。此書原著材料，至爲豐富，譯筆亦甚忠實，不失原書價値，足爲我學術界之優良參考也。

蕭錚

民國二十四年八月一日
于中央政治學校地政學院

譯者序

一

平均地權爲我國解决土地問題之正鵠，先哲已訓告吾人矣，雖然，正鵠已定，而即之之法千頭萬緒，政策之剛柔，步驟之緩急，議論紛紜，各執其是，此我國當今研究土地問題者，所以蔚然興起也。

夫我國今日之土地問題既非理論問題，而是辦法問題：政策之剛柔，步驟之緩急，即辦法中綱領問題也。然則，吾人將如何决定此綱領乎？何所據以决定之乎？雖世論至夥，立場不一，要不外斟酌歷史因緣，當地環境，與夫參考外邦援例類比。簡言之，一爲根據本國之事實，一爲根據外邦之事例而已。苟事實之眞相未明，事例之原因曖昧，則所銜之前提皆出自各人之意想，必難一致，其論斷未有不互相參差而俱陷於誤謬者。今我國學者兢兢於土地問題之本國歷史的研究，以及當局舉行大規模之土地調查，即爲求事實之了解耳。至於事例之闡發，如數年來關於戰後各國土地改革之論文及迻譯，亦千篇累牘，屢見不一，可謂盛矣。然對於戰前各國之土地制度及其改革與演進，國人似不甚注意，學者亦未嘗有系統的譯作以介紹國人，此不特對於明瞭土地問題之事例上未爲詳盡，抑亦學術上之缺點。

二

譯者曩留學歐西，頗涉獵歐洲各國土地制度之演進，及現代土地改革運動。認為十八十九世紀為歐洲各國土地制度轉變之大關鍵，與現代改革運動及尚能維持原狀者，均有一貫之聯繫。而於此土地轉變中，演進為二大系統：一為英國私人大地產制，二為法國農民小有地制。英法俱曾經一次土地改革，英之圈地運動，法之一七八九年革命皆為土地改革之表現。惟英始於十七世紀，值正統派經濟思想勃興之際，資本主義潮流方磅然掀起為當時之時髦物。故圈地開始之日，即土地集中之時。亘十八十九世紀百餘年間，圈地既已完成，土地集中亦登峯造極矣。法始於十八世紀末，受民主思想之浸淫特深，故革命爆發，農民在反封建反貴族旗幟之下要求自有土地，彼革命黨人固所謂代表資產階級者，但欲得農民之援助，則不能不允其要求，如是政治革命進展而為社會革命，農民小有地制即所謂農村德謨克拉西者乃創其基矣。英法之土地改革因時間環境不同，結果遂各異其趣，而迄於今，兩國之土地制度猶分道揚鑣也。

十九世紀間各國之土地改革與農民解放合為一事，多受法國革命之影響，如德國兩部各邦及俄國是其明例。然皆未能如法國之澈底，所以有不斷的運動，而終難鞏固如法國之農民小有地制。英國土地集中亦影響於大陸，如普魯士私人大地產之形成，為最顯著。但英國自十七世紀後已成工商業國，農村人口大部被工商業所吸收，圈地進行遂得直前無阻。而魯普士則向來爲農業立國，工商業發達乃在十九世紀下半期之事，時間環境皆已不同，故魯普士之土地集中又未能一如英國。按英國之土地集中雖非因於工業革命，然實工業革命以後，圈地運動始得順利。大陸各國因工業落後，雖欲倣英國土地集中未可能也。

三

一九一七年以後，俄國之土地改革固自有歷史社會之因果關係，其方式及結果又自成體系。然考其理論背景，顯然以英法土地改革爲依據；蓋英爲大地產大經營制，俱有經濟的優點，法爲農民小有地小經營制，俱有社會的優點，馬克斯主張大經營，而反對私有制，主張爲農民利益，而反對小有地制，因此倡土地國有，卽兼經濟社會之優點也。布爾札維克黨人本奉馬氏爲圭臬，執政以返，遂企圖土地國有之嘗試。其現在地制雖未可謂爲已達到國有，但土地業由國家控制而從事大經營則已成事實矣。

東歐諸國之土地改革運動深受俄國之影響，無可諱言。然各國改革之方式及結果與俄國又迥然不同。且如羅馬尼亞，捷克斯拉夫，立陶宛，波蘭，匈牙利諸國之土地徵收，拍賣及扶植自耕農等，又宛如採取法國革命時土地改革之方式。此因各國各有歷史因緣及時間環境關係也。施亨利教授謂德國地制之演進是介在英法之間，余謂現代東歐諸國土地之改革則介在法俄之間，似無不可。

總之，歐洲地制演進之體系無論爲英，爲法，爲俄，爲介在英法之間，或介在法俄之間，各有其時間空間之因果律，未能盡同，亦未可強同，吾人爲了解各國土地制度及其改革歷史上之研究誠饒興趣者也。

現在我國土地制度尚停滯於封建關係之下，與十八十九世紀歐洲各國有諸多同點。是則歐洲各國自十八十九世紀以來土地制度之史蹟，及現代改革運動皆足爲我國研究土地制度及土地政策之借鏡。且今日言土地改革者每引歐洲各國爲例，則彼邦地制之如何演進尤爲吾人所不可忽者。

四

著者施亨利先生是法國淪內大學名譽教授（Professeur honoraire à l' Université de Rennes）著作甚夥，爲近今法國學術界有數人物。本書出版於一九二一年，頗具權威，一九三〇年余肄業於巴黎大學最高研究院(Institut des Haudes Etudes)從師馬梯埃茲(A, Mathiez)教授，請示研究歐洲土地制度史書目，馬氏首先介紹此書，囑余熟讀之，此可見本書之價值。

惟譯書至難，譯者學力有限，自知不免錯誤。譯稿既成，幸蒙蕭錚主任祝兆覺教授細心校核及同事諸先生予以譯名之指示，獲益殊多。謹附此誌謝。尚望讀者更有以賜教焉。

郭漢鳴序於南京陵園地政學院

民國二十四年六月二十二日

原序

我們希望在這本小册子裏把歐洲十八十九世紀的農地業權，土地制度及農民階級的狀況，從歷史上作一比較的敍述。但是這不是想把歐洲每個國家的土地制度逐一研究，而是選擇若干國家在地制上具有不同性質的各種重要形態加以描寫而已。

為着研究這樣的問題，歷史的比較研究 L'histoire comparée 對於我們似乎是必要的而且是深刻的。誠然，制度的形成，並非由於一種特殊或個人的事蹟，而是由於通性的現象，是極廣大的，因為這種通性乃人類基本需要的結果。如果人們眞能把特殊的局部的注意力減少，便可悟會到那些事實的現象及其進化是支配了我們人生的大部份。再則，大家願意承認一個偉大的精神和物質的要求是同樣的必要。蓋我們的識見到現在仍舊是受相當限制的，而且我們常常就某部份中認為這是問題；然而，學問上這一個小小的簡單的追求，很能夠促使我們更加一番新的研究：如自然科學上應用的『假定』給社會科學上不是有同樣的收穫麽？我們相信可以說明的一切『已知事物』如果認為這是暫時的和循套的而永恆的在審查考慮中，此時將視為有價值的以之供給於歷史所引為基本材料之社會科學，這是不妥貼的，但在別一方面為着研究目前的現象，這倒可以給我們更容易了解過去的一切史實及其進化。

土地問題有一個特殊的重要性，這就因為土地所有權在歷史上扮演了重要的脚色，一直到現代工商業資本主義勝利的時候。它大部份促成了別的經濟現象，它是社會政治一切制度的基礎。

當十八世紀及十九世紀前半紀經濟進步的迅速和大工業之產生與發展對於土地問題之探究有特別的便利。由此可以研究工商業發展中土地問題所佔的地位，以及反轉來追問因工商業之進步和大都市集中的擴大，如何影響到土地所有權和農民階級的境遇。

而且這又是一個新的時代，理論已開始掀起猛烈的影響直接到事實上去。十八世紀的哲學理想及法蘭西革命的思潮，鼓動了農民人格的解放，使農奴制度廢除，有很大功勞；但是這僅僅在法國有如許的成績；至於其他國家雖係同一地權制度，所受的影響則至為微弱。若在農民沒有地權的國度裏，也許事實上農民沒有建立土地權之可能。總之，當這個時代，照一般的情形看起來，農民地權是在縮小的，縱然農民解放運動是極其實際，農民土地權却反為減促，如普魯士就是一個明例。

從這些歷史上比較的觀察，對於我們尤饒興趣的就是法蘭西的土地制度在歐洲幾乎完全是獨具特色。法國在革命前已經再沒有所謂農奴制了，農民自有土地的事實已真正存在了，抗租及反對勞役的事件也已見過了，而且有些地方却鬧得很兇；小農及中農已佔了優勢，使農業進步的大企業發生障礙；沒有土地集中的傾向，貴族地主也沒有能力完全壟斷農村公有的田地，這就是法國革命前的地制之實際情形。在這樣的實際情形中我們便當致力了解其原因與條件。

再則我們將研究有些與法國地制相同的地方，特別是德國的西南部及西北部，這些地方雖然還得看見若干特殊之點，最顯明的就是農奴更大的發展，不過我們也不能忽略法國東部依舊殘存彷彿農奴形態的 Mainmorte。當時在德國是貴族領主制(Grundherrschaft)一天一天的向東部發展以代替東日耳曼的『武士地』(或譯騎士地 Rittergut) 這就是說屬於貴族所有的一塊廣大農場，已由領主直接經營，同時農民勞役的擴大也漸漸的明顯，其間最足表示特徵的就是在領主管地上有給予農民兒子耕作的義務，德文叫做 Gesindedienst。

英國地制完全又另具一種特色。農民人格的自由與法國一樣且更早熟和普遍。當中世紀時英國社會的進化頗類似法國，農奴制廢除了，農民自有的土地建立起來了。但是在近世紀特別十八九世紀中，貴族地主利用圈地 (Enclosures) 遂得伸展其私有土地，擴大土地集中。這是農民被剝奪的時代。同時農村自由勞動者 (Labourers)增加甚速，不過在經濟觀點上他們却步步加緊的附屬於地主。這些地主對於田地自己是不耕作並且不管理的，他們委任大田莊莊主 Farmers 代理，這莊主與法國的農莊監督有別，因爲英國的莊主是農業企業家，而法國的農莊監督 (Fermiers généraux) 是市民布爾喬亞的僱員，衣食及日常生活都受其支配，其擔任管理大農場是僱傭的職務。英國經過了這個革命，經濟上發生的結果是很嚴重的，從此穀類產物漸漸減少了，因爲土地經營簡單起見，把耕作的農田都變爲草場，糧食消費再也不能滿足了。同時因爲工業的發展需要勞動，而農村戶口也就跟着縮小。我們研究英國的土地問題感着一樁很有趣味的事，是看見這樣的土地革命其原因不是由於單純的經濟關係，考其實際卻多由於貴族地主的政治權力的影響，因爲貴族地主都是地方上的紳士，且爲國會的中堅份子，如自由黨及保守黨同是貴族階級，黨員的成份同樣包含了大地主。

在愛爾蘭，貴族大地產制度是個特別嚴重的事件。因爲外來的侵掠把土地強奪了去創立了大地主的特權主義(Landlordism)農民都被驅逐迫去做佃農，且這都是不定期的自由佃農(Tenant at will)更好給地主剝削。開墾田地又不能實施調劑農村的戶口，（農村人口過於擁擠，而工業的發展又極遲緩——原註，）故土地問題之在愛爾蘭到了極端的尖銳而農民感受了殘酷的痛苦，結果只有一羣一羣的移徙，爲他們唯一的出路。

此外，我們將究研歐洲東北部各國（如東普魯士，波蘭，丹麥及俄國沿波羅的海岸各省）的土地制度。這些地方都保留着廣大的農奴制，且極其殘虐，那些農奴是附着於土地，爲地主盡片面義務之勞役，而同爲地主的財產之一部份。考其農奴制之沿革乃屬晚近的事，不過始於中世紀的末期。當其繁殖的時候，領主(Seigneur)自己獻身於農業，貴族土地自然的擴展和集中起來，形成了一個特殊形式的整塊的武士領地（法文沒有此字，德文叫做 Rittergut）。地主們變成了大企業家，自己經營其土地，如是他們需要所有的農奴爲他們盡勞助的義務。由此，我們可以看見這些地方地制的演進與法國的不同處；貴族的土地不斷的加強鞏固，而侵奪了農民原有的土地及農村公地（Le bauern-legen）。

這些地制之起因，我們亦得推探出來。無疑的，這在濟勢力中自有其經濟的原因，因爲這些地方是麥子的大出產場，大宗的輸出於國外，其在內地沒有像法國一樣的國內市場，但在國際上以漢斯(Hanse)而至荷蘭爲貿易根據地，成爲一大商業。那些貴族大地主原來是在他們地方上惟一的墾殖者（已成爲資本主義的形態，）他們却不甚歡生活在自己的領區內，與法國的貴族領主迥然不同。——至於政治的原因是較難明晰的。固然凡是當時存立的國家莫不操縱於貴族之手。其在政治上盤據的權勢，支配了經濟範圍的伸縮，似乎也不可以蔑視的。在波蘭，貴族階級在政治上所握的優勢比任何國家要來得牢固，同時已成問題之土地制度到了極度的發展，農民所遭受的束縛亦最殘忍。然在普魯士則恰恰相反，國王的權力已經強大足以抑制或干涉土地上諸侯Junker的專橫和壟斷；十八世紀時政府爲保護農民的自由曾欲阻止貴族地主的剝削，并謀減少諸侯的權勢，但是因爲諸侯是構成普魯士國家的一個柱石，政府雖曾威脅了他們，然仍不能不讓其維持經濟的權位。

俄國的地制，顯然很有不同。真的，俄國貴族的大領區仍然存在，農奴制也是晚近才普遍的；然而，貴族的大領區，給貴族地主自己去墾殖是過於廣漠了。加之，在俄國物質的條件比其他國家要壞，農業工作至爲幼稚，所以他們只知粗放的經營。南俄是黑地，地壤的肥沃是有名的，到了十九世紀始完全利用其價值，方有大批麥子的輸出。在俄羅斯帝國本部，貴族地主完全利用農奴，強迫其徭役和義務工作，但是却因為貴族佔有的土地太大了，他們才讓了一部份給農民，不過這並不是讓給農奴個人而是讓給他們若干集體，按照集體之大小收租，於是有所謂農村公社(Mir)的產生。

俄國貴族家裏豢養許多役使，因此又產生家庭農奴制(Servage domestique)家主管領農奴，保養他們的生活，并且可以不給他們土地而把他們出賣。如果農奴在外做工則須納人口稅(Capitation)這是一個新制度，在歐洲只有俄國才存在着這樣的一個身份的農奴制（Servage personnel）

南俄的土地制度與大俄頗為不同。南俄開化較緩，且被農兵 (Soldats loboureurs) 及哥薩克人(Cosaques)長期佔據，個人私有土地及貴族領主制度的建立甚遲緩，農奴制則更稀罕。

★

本書第二部將研究十八世紀末及十九世紀初農民解放的問題，并且指示出這種農民解放是隨着各國土地制度的不同，以及在同一地制下因各個地方習俗的差異而有各種的方式。

法國農民解放之成功是個人奴役制之廢除以及貴族領主制之取消，因取消了貴族領主制，遂完全確立了小農制的基礎和農村自治的自由。

法蘭西大革命的爆發，專制君主的沙苑 Savoine 國王乃一主力；在沙苑小國裏殘留的農奴制之一種 Mainmorte 及貴族領主制之毅然廢除，給了旁的國家很大的榜樣和影響。因此鄰近小國如洛爾漢 Lorraine 及瑞士農民解放運動在十八世紀時幾乎完全成功。

法國爲着農民之完全解放，應該有個政治革命和農民直接行動。然而，革命的結果僅僅在立法上改良了業產所有權革命並未給農民以土地。國家地產的拍賣 (La vente des Biens Nationaux) 在某種情形之下原來可以增加農民土地，但是事實上卻只給富農及已經有了土地的農民以便利。除了教會土地完全提出充公外，所謂土地革命是很不澈底的，蓋昔日貴族的土地僅部份的消滅。不過貴族所特的領主制度 Régime Seigneurial 完全取消罷了。

在德國西部，農民解放運動曾有進步，一八四八年始告成功，至奧國則更緩。不過當法國革命及拿破崙帝國時代兼併的地方，農民解放較爲早些。

英國農民人格的解放已不成問題了。但因土地制度之轉變，遂產生土地國有的學說。稱英國應該有個德謨克拉西之勝利，使國會得實際討論土地問題。並且在國會中應該闡明關於耕者自有其田及農民獨立經營的聲請之合理的要求。此外在蘇格蘭尤其愛爾蘭正竭力於土地問題之解決，不過這兩處的政治問題在土地問題之前，尤須先謀解決。總之，英帝國無論何處，農民地位和土地制度創立之不良，是一普遍現象，問題正多着呢！

歐洲東北部所謂農民解放就是農奴制問題，當十九世紀初期幾乎到處都把農奴制取消了。不過一考其實際，農奴制雖已廢除，却未嘗眞實改善農村狀況，且距改善之途尚遠。如在普魯士事實上是增長及集中『武士領地』承襲的佃農已部份消滅了；終身的佃農則轉變為地主管區內生活的農村勞動者，且失掉原有的果園地，貴族地主對於這樣轉變是毫不關痛癢的，因為徭役的勞動是供過於求，他們仍能維持甚至擴展其經濟威權。

在施勒斯威—河爾斯坦及丹麥的情形適然不同，因為農民解放的結果舊日貴族領主的大地產瓦解了：在他們的領區內建立了農有的田莊，大規模經營的農場也分割得細碎了。

奧地利於十八世紀時幸因女后 Marie Thérèse 及王 Joseph II 之刷新政治，農民解放之成績超越了普魯士。但若瑟夫二世位內，又發生了反動，把這個進步停頓了。十九世紀上半紀奧國進化特別落後，一八四八年農民解放雖告完成，但貴族地主擁有的大地產一點也沒有變更，蓋自一八四八年革命後，普魯士奧地利及日耳曼諸國的貴族封建制度還沒有根本消除。

至於俄國的農民解放更是最後的事了，且完全出諸政府的計劃，這算是俄國農民解放的特徵。計其所實施者1.身體勞役之廢除；2.徭役及年稅之取消；3.貴族的土地得在每年納一定賠款之條件下有償的移轉於農民，如是而已。所以像俄國這樣的農民解放是未曾多大動搖了貴族的大地產；不過僅有農村公社（Mir）在昔日封建領主管地內得有一部的所有權罷了。在另一方而貴族階級也沒有增大他自己的土地。然却因農民欲備款贖地之關係，使準備的資本促進商業的發展，遂演成俄國近代資本主義的前提。

我們在這本史綱的研究中自然也論到立法上的改革。但我們始終認定改善農民身份及土地所有權所訂的法制是由於十八，十九世紀經濟革命的大勢造成的。

生產的需要一天大過一天，這不是很有力的促使立法的進步麼？舊時農業勞作組織之方式已自己顯露其疲敗了；農奴徭役供給的勞動亦呈出僅僅薄弱的能力；這時候人們尤其在英國都寧願捨去陳套而採取自由傭金的勞動。從此資本的增大，同樣的在農業上有很大的作用，使農業的富力更加充裕。顯然的，資本主義促成了工業革命，同時也改進了農業經營的大部。

十八世紀以返資本的膨脹為什麼還沒有把已經來勢洶洶的土地集中加緊呢？看法蘭西罷，如果法國的土地集中比其他各國不顯著得多，緩得多，那麼這就是法國的歷史因緣具了特性使這個趨勢緩和下去的。

十八九世紀歐洲土地制度史綱目次

前部　歐洲土地制度的各種形態

後部　十八九世紀歐洲農民的解放

前部

歐洲土地制度的各種形態

十八九世紀歐洲土地制度史綱

第一章　十八世紀法國的地權及地制

十八世紀時，法國土地制度較之歐洲其他大部份國家具有兩種不同的特色，一農民身份是自由的，二農民爲土地的所有者。這些特色乃從中世紀以來緩緩進步而成就之結果。農民之人格由農奴漸漸解放至於獨立，他們在土地上之收益權亦漸演變爲眞正的所有權，對貴族領主僅負責繳納地租及服役。

第一節　農民人格

我們首先須注意所敍述的本題。因爲法國的農奴制於十七世紀時僅殘存於若干地方，這些地方如東北部及東部數處，當中世紀時其農奴曾盛行一時，在法蘭士康特 Franche-Comté，（十七世紀時始歸併於法）及洛爾漢 Lorraine（十八世紀時合併者）農奴數爲最多；北里 Berry 尼凡內 Nivernais 康布海 Combrailles 馬爾士 Marche 阿凡爾 Auvergne 等處則較爲稀少。但全法國究竟有農奴多少，則殊難知其確數，或謂約近一百萬人，這數目也許是太多。

此外，法國還有一種比農奴稍勝一籌之土地附庸 Mainmorte（原註 Mainmorte 是受領主無限制的義務苦役及遺例結婚 Formariage 的壓迫的，如中世紀之農奴然。譯者按 Mainmortable 是由『死』『手』兩字 Main-morte 合成，爲農奴之一種，其所佃之田地永遠歸其耕種，不得讓與或移轉於他人，卽謂財產死於一手之意。中文尙無確定之譯名，日文譯爲『奴隸狀態』，極不妥，予擬譯爲土地附庸，蓋其意義甚似農奴而又與農奴 Serf 有別也。）依其內容性質可分爲兩種，一爲對人的土地附庸 Mainmorte personnelle，一爲在法國東部很發展之對物的土地附庸 Mainmort reélle。前者之場合若其兒子非與父親同居者，無論動產及不動產均不得有繼承權；後者對於耕作的土地則僅受不可移轉（Biens mainmortable）所束縛。如尼凡內地方之 Bordelage 佃耕制爲最明顯之例（譯者按：Bordelage 爲法國古代佃耕制之一種，特別盛行於 Nivernais 及 Bourbonnais 等處，其租佃形式有數種，如租草場林地及葡萄園者則納銀，租耕地者則納穀物，租獸畜者則納家禽。）巴斯布保丹 Basse-Bretagne 各省有若干教會管區內殘留之封建特殊權利名爲 Quevaise 者亦與對物之『土地附庸制』甚相類似。實在的，法國土地附庸之存在一直至舊制 L'ancien Régime 之末期，孟于拉 Mont Jura 之農奴雖經福祿特爾 Voltaire 之痛加指責，終未嘗改善其生活。一七七九年訥克爾 Necker 宣布廢除君權私地 Domaine royal 內及全國 Tout le-royaume 之土地附庸制，但貴族領主對於政府所頒行的事項置之不理，因此，這種制度直至革命時始行消滅。

但是土地附庸制不過是農奴制的殘餘之末，多數的農民羣衆，其人格是有絕對自由的。這種自由之獲得，於立法上及經濟上頗有作用。蓋農民在法律上之地位已得真正的滿足，他便能有自由，故易及提高其社會身份，且得插足於布爾喬亞 Bourgeois 之列。至於在經濟觀點上，所謂農奴制之廢除，實際就是取消徭役制；若土地附庸者，佃農對於地主所負之勞役義務，年僅數日，或者納極輕之租稅代替之，不甚重要。其他尚存所謂非常徭役者，亦不外當貴族領主建築別墅及磨坊時，佃農應爲彼運輸材料而已。至農事上之徭役 Corvées de culture 事實上已沒有了。

第二節　土地分配

另一方面，法國地制所具的特徵，是農民已有大部份的土地。因此惹起吾人對於社會各階級的土地分配問題之研究。幸得呂直斯基 Loutchsky 之探索，予吾人以若干可貴的材料，此種材料且有漸臻充實之可能。據呂氏所引證者爲二十分征一稅的記錄簿 Lesrôles de vingtièmes 依此估定租稅，固不免有多少錯誤，但土地分配情況是可以從此窺見一斑的。此外，可供吾人較有趣味的參考者，尚有封建時代之貴族戶籍簿 Terriers 及貴族領主之一切證券文件 Papiers seigneuriaux。

呂直斯基氏從田賦及地籍册 Cadastres 上研究，承認法國特權階級沒有廣大的土地。據其分析的結果，貴族所有之地畝在亞爾多 Artois 省佔百分之二十；畢喀爾地 Picardie 省百分之三十三；布哥耳 Bourgogne 省百分之三十五；里謨山 Limousin 省百分之十五；阿特阿凡爾省 Haute-Auvergne 百分之十一；蓋爾西 Quercy 省百分之十五；都菲內 Dauphiné 省百分之十二；蘭德 Landes 省百分之二十二；北安 Bearn 省百分之二十；杜羅斯一帶 Pays Toulousain 百分之二八、七；路西雍 Roussillon 省百分之三十二；奥利安 Orléonais 省（此係據 Camille Bloch 先生就十五教區 Paroisses 之調查）百分之四十。在阿特布係丹 Haute-Bretagne 諾曼底 Normandie 及法國西部一帶貴族階級所有的土地比其他各省似乎要廣大得多。

僧侶所有的田地是每況愈下。如果肯定教會土地 Propriété ecclésiastique 在亞爾多省佔有全面積五分之一或四分之一，在拉貢 Laon 地方約百分之二十九，畢喀爾地省百分之十八，則此去愈西及愈南方向，其所佔土地之比例則愈小。在布哥耳已減至百分之十五至十一，北里 Berry 百分之十五，杜湍尼 Touraine 百分之十；在阿凡爾省僅剩百分之三、五；巴斯里謨山及蓋爾西才百分之二；在法國西南部教會土地尤少（北安佔百分之一、五；蘭德百分之一）僅於杜路斯一帶（百分之三、九）及路西雍（百分之二、五）稍爲多些。來南 Rennes 河沿岸亦甚小，僅百分之三、四一罷了。所以就以上計算，已接近勒喀朋梯 Lecarpentier 先生之意見，據彼研究之結果謂教會土地佔全國地畝面積百分之六，當然還是一個約略的數目，然亦並非不足憑的。市民布爾喬亞所佔的土地亦殊可觀，特別各都市附郊，或多或少隨地方情形而定。

此外吾人更有值得注意者，即貴族所有土地大部屬於森林原野，又貴族及僧侶之土地，即其主要部份亦大都分劃得極其零碎與散亂，其有一整塊大農場以從事於大規模經營者實屬鳳毛麟角。

至爲顯然的，就是貴族，僧侶、布爾喬亞及所謂特權階級者，其所佔有之土地幾及全國地畝面積之半。他一半則屬於農民了。但是一些歷史家如高發勒斯基 Kowalewsky 爲何否認農民眞正有土地？此因農民土地不是完全獨立的，還須依照貴族領主特權之法規而履行納租，幷且在貴族領主附近直接管區內 Damaine proche 領主仍保留實質的所有權，故高氏所云亦未嘗沒有理由。不過這種場合，貴族領主特權往往反爲鬆懈。且按之貴族階級所有土地之組織爲極古代式的，當時的狀況一如中世紀者然。

因此，謂農民有大部分的土地，亦不是過分，但其地畝面積因各種地方情形之不同，極不一致。在西部各省如布保丹諾曼底及波亞都 Poitou 等處約僅五分之一爲農民土地；北部如畢喀爾地及亞爾多省爲三分之一；奧利安，布哥耳亦三分之一；中部（里蒙山，蓋爾西，阿凡爾）及南部（蘭格托 Languedoc 路西雍，基因尼 Guyenne 白魯凡斯 Provence 北安）則佔百分之五十部耕內佔五分之二。農民所有土地不特各省中的比例不很一律，同一省內各區亦甚參差。此種現象欲推究其原因殊不易易：大概在某些地方亦有貴族地主買收農民耕作之農場，使農場上農民變爲純粹的佃耕者；若農奴制消失較長期之處，農民土地之維持或許最爲穩固，加之此種有土地之農民也較容易升進爲上等階級 Classe supérieure。

十八世紀下半紀，農民土地毫末減少，且有相當的增加。如沙亞遜 Soissons 農區的農民，獲有土地大於原有者四倍，又自一七七九至一七九一年里謨山農民竟有四千畝 (Arpents) 土地之獲得，至其他農民土地之增加雖甚少，但總有起色。

然而正因為農民中幾乎百分之九十有了土地，所以他們之田畝則往往分割得非常細小；里謨山省農民土地雖較為廣大，然其土壤則較磽瘠。總之，終十八世紀，法國農民土地是分割細小的，但却絕無減少。

然而我人曉得土地之分配於農民至不平均。他們多數僅有極小塊土地，不能供養其生活。如果他們情形稍好者還可自耕或半自耕；不幸運的便為雇農 Journaliers 或充傭僕田主，兼其他職業者大抵為商人，粉磨業者，旅店店主或手工業者(如泥水匠，裁縫匠，木匠，織造工匠等)；在農民佔有大部田畝的地方，業手藝者 Artisan 僅為農村人口中極小之部份；若在農地不很大地方，他們常佔人口之大多數。農民中如果有能夠專以耕地維持生活者形成了一『農民貴族』Arictocratie paysanne 即自足農民階級，其地位增高殊遠；惟彼等能擴殖土地，收回貴族霸佔的封土及開墾荒蕪之地，當革命時亦只彼等始沾國家拍賣地產之實惠。

再則，法國除開北部佃耕制度非常發達及農民土地較少之地方外，全國幾乎沒有廣大的農村勞動階級，如英國者然。此又是法國土地制度之另一種特質。

如我人還記憶特權階級的土地之所以分割零碎及散亂，便可知法國大農場經營之為不可能。蓋事實上貴族地主自己經營其土地者至少。在巴斯里讀山各地有一百一十二個地主佔有田地四萬畝，其中僅有十三家是自己耕作幷雇工幫助共經營田地一千一百五十畝，才佔總面積百分之三；北里貴族土地屬自己經營者不上百分之二；蓋爾西約百分之四；畢喀爾地及亞多爾省百分之三。在市民布爾喬亞方面，事實上尤少，其能自己經營土地者常不滿百分之一。彼特權階級之地主大多數除夏季因避暑始歸住鄉間其所有土地外，平時是居住都市的。所以其保留的土地往往用以出租。凡土地之出租所獲的利益比其直接經營所得更豐；於是日工勞動者減少，家庭傭僕之工資反爲昂貴了。尚須有注意者，法國因工業未發達，僅有內地之地方市場 Marchés locaux，農業生產品未嘗衝到國際貿易上去，故資本亦不能流通到農業地。

總之，在法國沒有大農場，沒有農業企業家，沒有如英國式之農莊 Farmers。法國之農場監督 Fermiers généraux 原是一種管家 Intendants 及監理人 Régisseurs 即不啻貴族領主之代身。

第三節　土地租佃方式

如此廣大的田地，大抵租給定租的佃農 Fermiers 或分租的佃農 Métayers。佃田之大小與農場大小亦一樣的參差：多者有六十畝，少者僅數畝而已。故佃戶中有些是富農，有些是貧農，尤其平常者將極小一塊之田地也拿來出租。不過此出租之小塊園地 Closeries 多屬於別個農民的產業。

半以果物納租或主佃分租 Métayage 之賃佃契約在法國十八世紀時似乎最爲盛行之租佃方式。如果我人注意農民甚少向地主借支及租貸其家畜，則解釋此種佃租制實甚便利。此在愈貧窮的省份，主佃分租制則愈普遍。布係丹及洛爾洪二省差不多一半土地是分租制的；中部及南部尤絕對佔優勢。此種佃農將收獲物的一半與地主，有時竟超過一半，其負担至重，又如阿特布係丹（Haute-Bretagne）另有過路稅 Bail àdedroit 並且原來每年以農產物抵納者亦已改爲貨幣了。法國分租的佃農其一般狀況至爲可憐，揚格 Arthur Young 的記述亦屬寫實。（譯者按：英國經濟學正統派之大農學家 A. Young 於一七八七至一七八九旅行法國著有 Voyage en France de 1787à1789 凡三大册，最近始由 H. Sée 教授譯成法文本）。

定租的佃農 Fermiers 在某種範圍內情形稍爲好些。其貸耕契約訂定三年或六年，普通常爲九年，契約上明定應繳納之租金，并常附加農產物的年稅 (Redevance en nature) 車輛運輸之供役完納國家課稅之半數；又在契約上估計農產額數。此種佃租制在法國北部較佔優勢，按最大佃莊亦在北部，十八世紀下半紀竟有佃莊聯合之行動。佃莊聯合 La reunion des fermes 或許是指高麥價的原因，使大量的資本流通於農村，大耕種者當然蒙其利益。因此該處曾發現農業品的集中，彷彿如工業品集中一樣。然而佃莊聯合的結果，倒剝削了大部份貧苦佃農，所以貧富佃農形成一對壘陣勢。而此現象在亞爾多，毘喀爾地，白垓諸地 Pays de Bray 凡郡 Venxin 伽斯 Bauce 北爾士 Perch 及巴黎附郊尤爲顯著。彼特權階級之地主因佃莊聯合，亦增加他的很大收入，但是一般佃農對此轉變感受很大的痛苦。

使佃農地位更形嚴重者，為十八世紀時田莊地價之增加，其增加率至快亦至高；蓋同時物價之提高地價增加亦屬當然；但物價的增加為百分之四十至五十，而地價的增加則常為百分之百。因此托詞開墾荒地及整理土地大部份之生產區等風聲甚囂塵上。然一察實際，地主總求增加其地租并坐享農產之豐收和利用農莊中供過於求之大數佃農的競爭，而從中操縱。那裏有真正決心實行墾荒。

有些地方發見特別的租佃形式，例如在巴斯布係丹之田面收益的賃用地 Domaine congéable 收益者為佔有權人，同時亦為佃耕人。貴族地主則為地底之所有權人，換言之，收益者乃地面及建築物之所有權者。田面收益者應先請求地主之恩允，然後乃得賃用，其賃用期間普通確定為九年，過此則不能保證其土地不致變動；此種保證為一種給與狀 Bailles 內附加載明承襲稅的租金 RantesConvenanciéres，且賃佃者 Tenancier 即應為此給與狀之受托者。至於解僱權 Droit de congément 殊少履行，倘有施用之者，實為一個損失，蓋地主於解佃後仍向索修理手續金 Droits reparatoires 之償還，所費更為不貲。承襲租佃的地租 Rente convenanciére 甚至比其他方式的租佃制之地租尤大；此外佃農尚負有種種義務，在寒冷地方則須供給木材（即所得物分租 Champart）徭役（通常以年金抵納，受領主裁判 Juridiction seigneuriale 封建課稅 Banalité 及宣誓等。又在租佃制下所習用的各種規例中更有特別殘酷者，如魯淡 Rohan 所行之規例，訂明如佃農死亡而無子女者，則須將佃田歸返地主。

十八世紀下半紀尤其在最後二三十年間，租佃制愈趨嚴重化；地主撤佃之事實日多，以發買文給與狀增加收入及加重委託責任；并力爭其農場上之樹木，他們的司理人更狐假虎威，濫用職權，從中舞弊，那時正是田莊地價高漲，貴族領主制度之殘酷到了登峯造極，這種現象普遍於全法國，幾無一地例外者。

在南特 Nante 葡萄產地，我人發現其有一種固有的租佃形態名為 Complant 者，此種佃地之種植人 Complanteur 非土地之所有權人而是葡萄樹之物主，當葡萄萎謝之後，則歸還土地給地主。在貝略爾地有所謂市場權 Droit de marché 農莊中的佃農宛如市內之長期住戶受市場法規的支配。南部有些地方如蘭格托白魯凡斯諸省，市場內之長期住戶復承認佃農在市場上有永遠使用益收權，如是反使地主土地所有權繼續開展。

第四節 貴族領主制 Régime seigneurial

農民耕作的農場絕非完全自主的土地，貴族地主把封建附庸的鎖練重重縛住農民，農民之地位及其納稅一如附庸階級，所以也得說農民的眞正的土地是不存在的。

對貴族領主之奴屬關係，從宣誓及各種賦稅二例中表示極為明顯。

佃農於每次佃耕或轉佃時必須舉行宣誓或承認報恩。另外，每十年二十年或三十年應重新宣誓一次每次并申明其所耕的佃田和其所負的義務，這是使人非常耗費及麻煩的手續。

至於各種賦稅，比中世紀時少了些，領主制的剝削已稍爲減輕。關於人的身份稅Redevanges personnelles 幾統改爲物稅，人頭稅差不多亦完全取消了。其尙存留這類賦稅的遺跡者如布係丹之接風與餞別之款待」(Droit de cheant et levant）肥料之贈與及其他地方之居住或遷徙時的禮物等是其明例。

徭役制大抵已改爲貨幣抵納，其未用貨幣者每年僅不過數日苦工而已。阿特馬爾士 Haut-Marche 的農民有時會有若干人每禮拜中須服務徭役一回者，但這是完全例外的事。

封建時代之一切賦稅，其最便保留者厥惟混合於地租內或以貨幣或以農產品繳納之地方稅（Rentes en Cens）。數世紀來，此種種賦稅每每確定其物品。按以貨幣繳納者常無關輕重，蓋其時銀的價格甚低，而所納之稅不過數文錢而已。如以農產品納稅者其負担之重不亞於十六世紀時代。最重要者當首推分租 Champart 攫取其獲得物之一部（獵得物十六份或十二份或十份抽一，甚至八分或六分抽一。）尤爲妨礙農民者，當其獵取時必須等候地主之司理人前來監算，否則不能任意携取。此種惡例在全國似甚稀少，但在加丁尼 Gâtenais 地方則殊爲普遍。

封建特稅保留者尙有移轉稅及承襲稅。在布係丹繼承者之承襲稅謂之贖回 Rachat 須納一年的收入；在博德來 Bordelais 地方，此種承繼稅 Acapte 倍於一年的地租，不過常歸附於一年的租額內（即佃農接受佃地時，是年償付地租之雙倍。）賣買移轉稅（Lods et Ventes）在前兩處地方佔賣價八分之一，其他則十分或十二分之一。因此貴族領主一年之收入以此項臨時的特別收入最爲大宗。

磨坊，麵灶及榨葡萄機之抽稅仍繼續存在，磨坊捐者即農民於磨粉時須納所磨物十六分之一，但司磨者往往格外苛求。尤爲不便者，指定磨坊於農民，使之不得自由到別處去。此全國人民莫不同聲叫苦者。

封建特權所行之通過稅，市場稅，堤堰稅等把商業的進步阻滯了，農業品的銷路閉塞了。朝廷雖謀廢除通過稅，或將其稅則減輕和改善，但事實上除阿凡爾省外，殊未奏效。

貴族領主專利 Monopoles seigneuriaux 項內最卑鄙者要算獸獵之獨佔了，此項專利引起舉國人民異常痛苦，即封建權威稍斂之奧利安，章班臬 Champagne 珂坦丁 Cotentin 諸省亦不在例外。

我人欲探究封建制度之苛刻無情，便不能忘記封建裁判權之濫用。凡是刑事管轄所及者，皆爲封建裁判權之管轄區域 La Compétence féodale 領主得爲裁判官同時兼爲對佃農的權利義務關係訴訟之一造；所以法庭都庇護領主的權利，並從而妄加伸張之。此種法庭不啻爲封建裁判權的御用機關，在布係丹省尤易看見其實例，如采地 Fief 與裁判權是混合在一起的。

在領主制度下所負之義務項內應加入什一稅 Dîme 一宗，此什一稅常變爲非教徒的領主 Seigneur laïgue 的財產之一部。原來什一稅乃僧侶徵稅中之主要部份，攫取了收穫物十分一至十三分一之多。其徵收物不特主要稅之穀麥而已，甚至麻、苧、豆、果子、小羊、羊毛、猪等皆要徵收；世人常否認附屬什一稅 Menues dimes（麻苧豆果子等）之合法語云已徵及羊又抽收其毛，實在可憐。至什一稅之徵收法亦有得而言者，如主要什一稅（Grosses dîmes即穀麥類）竟不幸發見徵及穀麥未熟之時，連茅屋中農民之必要生活亦被剝削了。——農民所負納的什一稅佔去了其大部的收入，此領主徵稅總數尤為厲害；例如韓來德省農民所得的總額中付什一稅者百分之十四，付領主地租百分之十一，國家賦稅百分之三十六。又如坷坦丁農莊給付之什一稅幾等所有賦稅的總數。更覺可恨者：此種稅制完全是回復太古狀態，且僅以極小部份提用於教堂禮拜及神父之贍養費，總共不過僅及三分之一，甚且減至極其微渺的程度。

我人於此尤當說明者即貴族領主制並非到處一律嚴酷，或重或輕常隨各地環境而定；然而吾人就教區帳簿中所供給的材料亦殊難得一比較的確實指數。概而言之，舉國似乎無如布保丹省的領主制之殘虐及其農民經營之艱苦者。在洛爾澳省尤其墨寺 Metz 區內農民所感受領主制壓迫之痛苦，可謂無以復加了。阿凡爾省之阿敦 Autun 地方及保爾多(Bordeaux)稅區(Généralité)貴族領主的權勢亦似甚牢固。在曼尼 Maine 諾曼地，章巴泉諸省之封建賦稅較之農民所怨惡的田賦則稍為輕些。至於奧利安安沽姆亞 Angoumois 及弗蘭特沿海區(Flandre maritime)此種制度尤較和平。

法國國內的封建賦稅為什麼差別如此之大？討論此點，我人僅能提示種種假定。或許是在經濟落後之省區，交通既較不便，農村士紳 (Gentil hommes Campagnards) 在中央權力稍弱之地，自以為山高皇帝遠，得能長期的爲所欲爲，於是此處領主制之維持自較堅固而且長久（例如中部之內山諸地；）又如一些地方若布保丹者因政府給與特權者在別的省區已經失掉之實權，故又能保留領主的勢力。也許在貴族地主的土地愈廣大之區，其與領主制的關係，則愈爲密切。

從表面上觀之，貴族領主制下之負担似乎較輕於國家賦税，但是深加探究，領主制下之負担不特單指其税捐之繁而已，凡因此發生之流弊與耗費亦應列入在內，然後才能認識其眞相。

固然，十八世紀時貴族領主及其司理人已不若十七世紀之專橫暴虐。但實際上的流弊則一如曩昔。如各種捐税中最令人難堪者莫如磨坊税所發現之弊害，蓋此項捐税除已抽取超過十六分之一以外，司磨者復偷取麵粉而雜以沙灰，抵其重量。所謂非常徭役者（修理宮室別墅及磨坊時之運輸）十七八世紀時均甚盛行。又如舉行宣誓及改換農場時，領主往往違例誅求，『免俐』(Impunissements)的需索亦爲常事。

收取租税的方法尤特繁重。『連帶付款』之舉行使佃農中無能力者亦強迫其繳納所負之額份。逾期者便科以罰金。領主的司理人則往往不於定期之日去徵收；且故使之拖欠十五年，二十年甚至二十九年，然後於一旦間令其悉數清償，陷入於窘迫之境。——尤以農產物品納租者流弊最深。間有遲延交付者，其歷年所欠之總數以市價估定，用貨幣完納。然而，這一個估定却由於領主一意獨行，就歷年來麥子最貴之市價爲標準。至於以穀物付納者，領主又往往藉詞質地不良拒絕接受；且要求農民收穫中所未有之上等麥。同時，佃農且感受度量衡的痛苦，蓋各地之度量衡制極不一致，領主常以向不習用或較重較大者爲收租稅之用。

此處我人有一趣味問題：即舊制之末期，貴族領主制的高壓，有無更加嚴重？有無封建的反動 Réaction féodale？無疑的，此種反動在當時的新法制中，是不能表示出來的，但是在其現存法制下所謂提高法權及恢復施行已不適用或廢除之法案中則甚明顯。我人曾見領主因司理人之疏忽懈怠，封建貴族制已至衰落的命運。故其反動便欲極力阻止這個衰落，重建昔日之富貴榮華，所以在貴族領主制尚根深蒂固地方如布係丹省，其反動則反不如此之甚，十八世紀下半紀，關於貴族戶籍簿之修理，曾惹起爭訟，此戶籍簿爲農民所最憎恨，蓋他們困於貴族籍區內之事務員的橫征暴斂與百端架附爲時已久，他們遂以爲此種戶籍簿即不啻貴族階級之護身符；且他們所斷斷反對者，即以上所列之各種弊害，若再實行修理戶籍簿則恐更加鞏固貴族之剝削也。

還有使我人更容易了解『封建反動』的眞正原由者，大家都知道當時貴族領主之需要現金一日甚於一日，以爲彌補其所消耗的來源，所以想盡方法滿足其特權的利益，如在其居住附近的領地內所剝削者然。此從其帳簿上自一七七〇年以來所增加之收入的研究，便可證明。

如此，更有一理由來證明：貴族領主竭力收回已予農民收益權之不生產地，企圖奪取農民日用之林場，荊棘草場及曠野，因爲他們已有此地之需要歸自己採薪，飼養家畜及放牧。并且干涉直接附屬於農場之公有地 Communs 或眞正之公共田產 Biens Communaux 前者爲布係丹之場合，後者爲東部及山腹之地，他們到處爲農業企圖，就是到處佔奪農地。

貴族領主之行使此種使用權，乃基於經濟的需要。——如森林之收益。當中世紀時，他們殊少自行種植，故將其土地按照租稅而給與農民去收益。但從此木材燃料日少，其價格亦日昂，同時因道路交通之進步，木材售賣漸銷，種植亦殊有利息。貴族地主遂援用國家禁林之令，保護森林并取締過度採用。

荊棘地及曠野之干涉。此種土地本久已視若無甚價值，一任居民使用者。但十八世紀時因農學之進步，尤其物價之高漲，已將此地三分之一實行墾荒，凡貴族出讓的荒地已成爲新的墾地。且依照重農學派之意見，耕地之面積宜於擴大，以增加生產量，故政府亦鼓勵墾荒，分割公有地；國家在立法上之歷次創製亦皆本此旨趣。故使地主也起來干涉荒地了。

爲欲限制居民之使用，貴族領主依合法手續與農民訂一合同，或指定或用抽籤決定，保留曠地三分之二或三分之一，一七五〇年後，這方法乃盛行。但是從此，領主常常指斥農民過份使用，甚至假冒及狡賴。且已經自由使用之土地，他們都出賣於市民或富農，而收其土地稅及租稅。此對於貧農有極大的損失，使他們不能再有使用權，因此常常投入秘密組織中去 Formation de deux Camps hostiles ——到處都可以證明這是貴族地主之企謀，但是彼等不顧一切，尤其在彼等勢力之下的布係丹，森林地之洛爾澳，山腹地之阿特阿凡耳及尚有極廣大的公有地之都緋內爲甚。

貴族領主一切濫權與敗處皆爲各省自治會所縱容，自治會常爲貴族地主所把持（如濮納格來那布爾 Grenoble 尤爲明顯）遂利用其權力以圖掠取及加重非法的征收。

總之，舊制之末期，貴族領主的投機事業已十分嚴重。縱然彼等仍然行使其已廢除之權利及過分的營私舞弊，而農民都被征服於所謂大改革時期應忍痛犧牲及担任向來未有之艱苦工作的口號之下；故一七八九年彼等遂宣言追回所受的損失，并在訴願書及教區的陳情册中痛情暴露其苦況，而投之於憲政會議的封建審查委員會。

所以封建領主制完全爲束縛農民的鎖鍊，它阻礙了國家農業的進步及經濟的發展，迫新的需要之來，遂宣告其死刑。

第五節 國家財政

國家財政亦爲農業進步之阻礙物，且因其十八世紀時之擴張特別支配了農民環境之嚴重性。

全國民中僅僅農民負納身份稅，新訂的賦稅人口稅 Capitation 二十份征一稅 Vingtièmes 本由三種人民（譯者按即僧侶、貴族、平民）平分負擔，後來竟至幾乎完全推在平民 Tiers-Etat 身上；在布係丹，蘭格托（Languedoc）亦復如此，因預算制度尚未發明，人口稅及二十份征一稅之征收比之身份稅尤重。——攤派方法許多缺點，常有違法的征收，徵取的形式亦至爲不良；鄉區間之文人賢士 Natable 也要負此重稅，并須納國債一份之額數。

探究國家賦稅中預征之部份，是極有趣味的；但於此我人所知之真確材材殊少。在博得來省馬里雍 Marillon 先生認為預征稅額估總收入百分之三十六。里謨山省身體稅是列入正稅表的，所以此處所得的材料較為確實，上等田的田賦估收入三分之一，次等田覺估七分之四。聖東日 Saintonge 省所收的田賦估地價四分之一。

雖然農民因為恐怕田賦之心理失去勇氣求取農業的進步，但他們猶以為農業的一切改良將伴其身份稅之增加而促進。

再則，自由采地 Franc-fief 之田賦亦是苛政之一，它是向管有貴族土地的貧民 Roturiers 征收的，貧民自管有此土地起每二十年及每代須納賦一年收穫之總數。後來又有新的『道路捐』Prestation 此捐為十八世紀新訂者，其大路募役制，極其嚴格，且分配殊不公平，結果只完全由農民負擔，因為農民受道路之益甚少，故惹起怨聲載道；軍事之兵房及輜重既是由農民建造及運輸，充當民軍亦是農民必須之任務；這雖不是苦工，但只徵之於農民，且自有豁免例以來，此種服役便完全加到貧農身上。

第六節　農地經營

十八世紀時農村經濟具一特別現象者為大量未耕作土地及荊棘草場，此種現象亦隨各省區而甚參差。

在布係丹省差不多占總面積五分之二（省內各區亦因土壤不同而有區別。）多山之地（如路西繁省及阿爾伯山地方）更爲廣闊。反之在畢喀爾地，尤其法蘭德亞爾薩斯 Alsace 及法蘭西小島 Ile de France 耕作之地却佔絕大部份，沿森林一帶及諸江流沿岸，排水不足，土地失去耕作者極多。

爲甚麼許多土地沒有耕作？它在農村經濟上是極可注意的事；多數農民沒有草場乃引其獸畜到公共荒地上牧畜，並將其農產物以充獸畜之飼養料。——農民並無資本及缺乏勞力以開墾荒地。如果使潮地乾涸及修理河道，這更是大工作，非政府不能辦理。

以前之耕作，除較富有及肥沃區域外，幾完全墨守舊規，進步甚緩。——關於農作之建築物，配置不良，如在布係丹省沒有穀倉 Grange，麥子積聚於屋內頂樓 Grenier 之上，將草秣及肥料堆於庭院及牆垣下。耕作之牲畜又極缺乏，牛畜惟大農場有之。農具更爲粗劣，犂與鍬等大概與中世紀之形式相同。

農業集約經營，大部份地方是不曉得的。除法蘭德亞爾薩斯及諾曼地一部份外，仍到處實行休耕制 Système de la Jachère。即畢喀爾地省亦每三年中休耕一年，若布係丹省則每二年休耕一年，甚至常常每三年中休去二年，較寒冷地方土地之用以耕作者爲時極少，每七年或八年甚至二十年始耕一歲者，多山之地如里摸山省亦復如是。這是因爲農民還不知道換種法（Alternance des cultures）亦不知改良土壤，故仍保守休耕制度，人工開墾的草場也才開始發明。

因爲農業上之沿習，殊少注意到耕作的方法及農民所準備的資本。土地沒有深耕，耘草時麥秧常易忽略耘去，因是秕草叢生；其播種過於遲緩者，則用不良的種子。幾乎全國都短少農業資本缺乏肥料；沿海各處所用之肥料多爲海藻類，此外有些僅用腐朽之木葉及苔蘚；廄畜糞料稀少，且配濫不良。

農業的收穫亦得說明者。當然此由各地土壤之不同而有差別；但大概情形，如布係丹省，種籽與收穫爲一與五或六之比，路西藝及里謨山更爲減少，爲一與三或四之比；反之若法蘭德省則爲一與十一之比。考其收穫如此之少及常使穀物變質者，蓋當收穫期，工作不大注意，且常常於刈麥後數月始行打麥也。

再有一特別情形關係於各種農作甚重要者。按法國幾乎全國都認爲上等小麥 Fromant 是珍品，視若農業上的奢侈品，故甚少播種，所以裸麥 Seigle 佔了優勢，上等小麥僅播種於杜路斯，安哥姆亞及布係丹沿海地方。——許多磽瘠之地則種植黑麥，此麥爲農民用作糕餅或 Tourtois 以供給食料，例如布係丹及里謨山各處是。中部及南部多植玉蜀黍 Mais。至於大麥 Orge 及蕎麥 Avoine 是較爲次等的農產品。另有一種混種麥 Meteil Ou mesléard（小麥與裸麥混種，或小麥裸麥蕎麥混種）常有發現。苧及蔴因家庭手工業之發達，故栽種之者比今日較盛。菜園之種植僅在都市之附郊及布係丹省北部海灣與賽因河沿岸；特權階級的地方間有多少葡萄，則盛種於土壤最適宜的地方，在布係丹省僅有南德區內，路弋 Rhuis 半島及威玲 Vilaine 江沿岸栽種之。法蘭西島及諾曼地昔曾盛產葡萄，至十七世紀及十八世紀先後絕種。政府又恐多栽葡萄將減麥產，極力限制種植，如一七三一年之法令禁止未經許可之新種植，幷規定凡葡萄園之停種二年以上者非有法令允許不得復種。查農業上之種植，葡萄似有較好收穫及利息；例如安哥姆亞省在十八世紀時以葡萄為第一位農業；正因其過於發展，後來耕作頗形衰落。巴斯蘭格多十八世紀時尤其一七五〇年葡萄業有極大進步。法國西部以植蘋果及梨為盛，與牧場同其發展，諾曼地人以蘋果酒為唯一飲料，幾乎無家無之且有多量的輸出。

關於植林，許久以來都在紛論中。諾曼地之大森林因一六六九年法令之反對，自十七世紀末以來，景況至為可憐，終至被著履及燒炭的居民斫採無餘。在布係丹亦同樣情形。但森林木材之需要旋即缺乏；同時且因燃燒木材之工廠的發展，森林日促，使當時發生嚴重的恐慌。

飼畜業亦多非議，就是彷彿天然獨厚之地如布係丹省猶復如此。牛類之飼畜幾處處讓其自然生息；獸畜之買賣往往在幼年之期；人們且尙不知如何使其繁殖的技術。當時飼畜較好之地為諾曼地，蓋因其與巴黎市場隣近之故，容易消售；里謨山之飼畜業亦甚發展，其獸畜供給各國耕作及屠宰之需，成為大宗輸出的商品。布係丹出產之牛奶油，殊為可觀，巴黎市中亦有求之者。

羊類飼畜亦不發達，即最宜羊畜處如布係丹省亦不多覯，楊格旅行時曾注意及此。

關於馬類飼畜議論紛紛，十八世紀時政府雖曾三令五申幷重建馬場管理局制 Administration des

haras，但事實上未能達到圓滿的結果。惟當十八世紀下半紀，布保丹省始有若干進步，馬的產量漸見增加，諾曼地及比爾利馬的輸出亦已超過雞畜類，但是，馬種的改良一直至十九世紀才見開始。

農業發展遲緩的原因究竟何在？我們曉得其主要是因爲大地主對農業的疏忽以及領主的苛捐雜稅與政府之賦課太重，使農民失去勇氣，而致完全敷衍了事。此外尚有一原因，即交通道路之不便。十八世紀時雖已建立幹部路線網，但路政的情形太可憐了。我人前已述及農業品尤其是麥子的貿易狀況，非常的滯濇，這就是因爲市場稅墟期稅，過橋稅等阻住了商業的來往，加之禁止麥子的輸出，甚至省與省互相抵制，這簡直無商業之可言了。牲畜的貿易亦感同樣困難。雖然許多惡規苛例當舊制之末期業已撤消，但遺制的沿習深入社會，一直至一七八九年始行廓清。且當時物品價格變化無常，一年與一年不同，一地與一地有異，豐收之處所遭受的災害往往如歉收之處相同，或者因農產品堆積，金融不通，反更難於維持生活。我人想像當時的社會情形，原來如此，並非不可思議的事。至於農業方面尤當注意者，即當時耕種的自由被束縛住了，如法蘭西島，章巴臬各省，自十七世紀以來，農民被法令限定『耕作，種植，播種須按照土壤及一定季候田地的使用法，規定三分之一種小麥，三分之一種大麥或蕎麥，其餘三分之一爲休耕；』這無疑的把土地分割得細碎了，而且限定了耕種分配地之方式，實在太呆板了。惟亦有許多地方如東諾曼地，此種方式是不存在的，故該地人們不知道這種種障礙。

然則，十八世紀下半紀，農業利用有沒有進步？我人承認這顯然有改良的趨向。一七五〇年頃，因爲受英國著作的影響，科學及其應用的進步，輿論上已開始討論農業問題，在農事文字中已充滿了篇幅，這種運動是始於重農學派以前，但重農學派理論的宣傳確也加強了研究農業問題的開展。

從此，農業成爲行政上特別注意之一；凡是新起的行政官員（例如突路登 Trudaine 畢爾單（Bertin）都團結在顧爾內 Gournay（譯者按：顧爾內一七一二—一七五九爲十八世紀法國經濟學家，杜爾哥是他的學生）指導之下。自一七六一至一七八三年畢爾單是眞正的經濟事務部長 Ministre des affaies économiques；杜爾哥 Turgot 亦有很大的努力，卒之在大革命爆發之前創設了農業委員會，同時恢復巴黎農業會 Soirétés d'agriculture 并開辦農事模範場 Fermes-modèles。

各省府官 les intendants 也實際上注意到農業問題了；農業事務部寄給他們許多常識訓練及說明書，使其傳播在郡府 Généralité 內（譯者按：Généralité 爲法國古代劃分之收稅區，自十四世紀至十七世紀經過許多變化，路易王十四世時，因其已與司法裁判區 Intendance 混合爲一，故索性併在一起 Généralité 之長卽 Intendant 管理司法，警察，財政等）說明書中是勸導用新的耕種法，新的農器，并指示建設人造牧場法，飼畜獸畜的良法等，在省議會的地方，由議會給與補助。此時創辦的農業會受了政府的保護及補助金，進行甚爲努力，會員也得了許多經驗，一部份有智識的大地主自己也專心效法起來。並發現若干農業企業家亦實行新法，最保守的布保丹省也有此現象。

但是大部份的耕作者仍然死守老法，這不但因其智識不夠的問題，而是多半由於資本和預支金的缺乏。十八世紀末農產物價幾乎高漲百分之五十沒有充分推進農業的進步：此種物價之高漲未嘗給與佃農以利便，因同時租金之增加尤多故也。至於地主亦未利用其收入的過剩部分以增進農業資本。此時，僅有一些地方，人造牧場的進步和新式耕地之出現，如馬鈴薯地即其一例，尤其是富庶的地方及西北部，農業的改良頗有足稱者。

當時的潮流與運動都集中於耕地之增加，故其進步的成績亦較優。先說填築潮地罷，此運動已始於數百年前，當局欲使其急速成功，設種種條件以鼓勵之；凡已經從潮濕而使之乾涸的耕地，免稅二十年，什一稅之徵收限制僅付稅額百分之五十；一七六四年政府法令強制潮地地主實行填築『已經審查之可乾的潮地』，聖喀爾地，布係丹，南德，都爾Dol等處已有重要潮地在計劃及進行填築中。

關於開墾尤占重要者為曠野及荒地之拓殖。特別在一七五〇年後，此種運動極為普遍，且有從事於大規模經營者。政府已立種種優例以資獎勵。一七六二年及一七六六年先後宣佈預備於一七七〇年起實行新墾地豁免十五年的田賦及『自由采地』(Franc-fief)稅；一七六八年布係丹省宣佈的獎勵條例尤為優異，其免稅期為二十年，且確定人口稅最高額為四十蘇爾(Sols)。這種獎勵方法施行之結果甚佳，如布係丹省自一七六八年至一七八〇年，每年墾地有十三萬畝(Arpents)；關格多省亦有五萬五千『巴黎畝』(等於一萬九千公頃。）不過荒地開墾之後，農民似乎有放棄舊耕地的趨勢，即已墾的土地亦不過暫時的收生產增加之效，土壤利用亦旋即如舊耕地一樣，故開墾荒地沒有繼續進展下去，實則法國各處之實行大規模的墾殖乃在十九世紀的時候。

當時（自一七六七年至一七七七年）政府的努力對於妨礙農業之水道柵及公共牧場亦特別注意到，但收效甚微。此因各地方習俗不同，妨礙國家頒佈適用全國的一致的政策，在急需土地改革的地方如北安Béarn及北部與東北部數省，居民都偏執沿用本地的舊規，所以政府又不能不遷就風土人情，自然改革上受了困難。此外，關於土地圍界的法令，大部亦不能實行。祇有大地主把其田地圍起，並在公共草地內竊割去的部份豎立私地界址。至於大多數小有土地者，其所有土地本極細小散亂，仍繼續在其有限的部分內耕作收益，只眼巴巴的看見公共草地被大地主竊割爲私地去了。又此種圍界亦並未裨益人造牧場的發展，於農民及農業均無是處。蓋欲根本廢除公共草地，似應先把土地切實重劃，從新分配，如當時英國所實行者一樣，或可濟事。但是法國舊時土地制度可說完全沒有變更，仍然固執向來傳統的習慣，不敢有新的改造，即農民大衆亦只顧眼前利益，始終墨守成規，要其進步自然很難了。

農村工業發展之影響，使耕作者多改變職業。結果就是影響農業生產的減少。此種農村工業最占重要者爲紡織業，尤其在布係丹，諾曼地，曼內(Maine)諸省。在布係丹所見的布織業完全爲農村及家庭的工藝；從事工作者爲小有田主佃農（他常使其家僕參加工作）及雇農。此種雇農當其長期失業時，便恃織造爲活。織造工的薪資非常微薄，只有收買原料之織造營業者，即織造商人獨享其利。東諾曼地之棉織業自十八世紀初即已發達，情形亦同；其織工有十萬人，直接損減農業的勞動。諾曼底亦猶布保丹，農村工業爲商人所主持，農民則爲其工作。在畢喀爾地及法蘭德當工業集中時代以前，農村工業之進步到處可以看見，迨十九世紀時大工業的發展，遂全部毀滅；但是當法國舊制末期之際，一切勞動組織的大改革僅見其有一線的曙光而已。

第七節　農民生活

從農民生活上亦可窺見土地制度實際之爲如何。按當時生活上物質的具備尙甚可憐，我人試一察農民的居住乃完全窳陋者。多數的房屋是用土牆建起來，覆以茅草，內容僅有一房間，未置地板，窗小而無玻璃；在布保丹省尤其是南部，諺云：農民是活在風雨爛泥之中，就此可見一斑。十八世紀時疫病之所以猶流行者，居住之不良即爲原因之一。至其居住房屋之不整齊，亦猶今日各地方之彼此參差也。

關於傢具衣履一層，宜分別富農與貧農而論。富農的傢具簡單古樸，但適於用，餐室內器具均具備，桌布椅套甚多，且有一更衣室；若貧農則僅能滿足其最低的需要。富農死後之財產，常有一千法郎，貧農則二十至五十法郎。貧農家中僅有兩隻箱，一張桌，一麵粉廚，一陋床；而富農則有好床，鏡廚，一切家用器具木碟，瓦碟，瓷器，玻璃杯等。在社會中所穿的衣服各種各色都有，勞動者所衣爲麻織物，所著爲木屐，在南部因皮稅甚重，鞋價至昂，故常說足。

農民之食物，更難言狀，有終歲不見鮮肉者；所食多爲醃肉；所飲則爲清水，唯布保丹則飲蘋果酒。食物中最主要者爲麵包，菜湯，乳製食品及奶油等，所作麵包從來不用上等麥粉而只用大麥或蕎麥的下等麵粉製造；有些地方用粗麵糕餅或黑麥片羹，倘有用野栗子或玉蜀黍製餅者。至於上等麥及裸麥則須留以完納地租和賦稅。

貧苦的百姓是衆多的；且許多常陷於乞丐的境地，當不景氣的時代其狀況尤爲可憐。按此種災歉情形可分爲幾個時期來說：一爲平時，一爲荒年（如對外戰爭時期，尤其是歉歲；）一七二五，一七四〇，一七五九，自一七六六至一七六八，一七七二至一七七六，一七八四，一七八五及一七八九等年因食料價格畸形昂貴，亦使農民生活極不安定，一七八五年的旱災迫得耕種者賣出其半數的耕畜以博哺啜。其受災禍最慘者厥爲按日計算之勞動者及小有田主。如一七七四及一七八九年農民中有不少僅以蘿蔔，乳製物甚至掘草根爲食者。

因恐懼飢荒所引起的騷亂是司空見慣的事，尤其是革命爆發之前，查麥子的輸出實爲恐懼飢荒的主因。迨十八世紀下半期政府才籌劃種種方法以拯救饑饉及粉飾太平（如收買麥粉；補助貿易；麥子限價平賣及義賑等）。

貧乏與生活低劣之結果，就是病疫與殺害：如天花，麻痘，傷寒傳染等死亡了成千累萬的人（僅一七四一年，布係丹一省因疫症死者凡八千人）。舊制覆亡之時政府雖然有衛生設備，創辦救療所及分佈傳染病醫師等，但農民幾乎一點也未曾享受。在另方面就是乞丐載道，匪盜充斥，其禍患尤烈，此時政府竟無權力救濟或抑止，故掠劫仇殺放火的事件亦屬尋常，土匪橫行，使農村變成一恐怖世界；法律及警察也失去其尊嚴而一任其紛亂了。

國家救濟已感不足，私人救濟更無能為力，如農村間的醫院及施食處均已衰落不堪。從前教會慈善事業之破產迫得政府不能不接收承辦；當饑餓時代政府乃建立賑濟工場及開始創設慈善會，並擬議改革醫院。這亦不外臨渴掘井罷了。

社會貧乏得以指數表明者，厥為人口變動，雖然人口之變動也沒有翔確的統計，故其實數亦不過約略近似的估計。當災荒時代人口似乎是時暫減少的，但十八世紀一百年中，除非災荒景況特別尖銳之布係丹省外，全國人口是不斷的增加。在都市附郊及工業中心區鄰近，鄉村農民僅佔人口一小部，由此可見農村人口已有向都市集中的趨勢。

全國農民，尤其在西部的，幾乎完全沒有受過教育，學校甚少，有的幾間也是專門的御用學校，對於普通教育殊無關係。一七八九年計全國人民中文盲仍絕對佔大多數。農民向來很能忍耐易於統治，雖受壓迫亦不抵抗，除非當災歉恐慌時代，他們始忽然蠢蠢思動。當十八世紀時，他們已覺悟其共同利益；又以朝廷因種種的需要向他們需索，使他們不能不注意地方上的政事，於是每個教區有農軍組合 Syndic 選舉徵稅議員，築路組合等，一七八七年政府復在農村設農民自治一類的機關。終十八世紀一百年間我人看見教區人民為反抗貴族領主之剝削及其利用特權之專橫跋扈而自衛的運動是極其努力的。一七八九年農民感着時代變動及其義務之來臨，故在條陳三級會議的訴苦書中歷陳其受黑暗壓迫的痛苦，旋即由呼籲聲而直接行動起來，迫得領導革命的各種團體實現農民所要求的眞正的解放。

第二章　德國西南部

在德國有一部份地方，其地制酷似法蘭西者，此即德國之西南部(Bade, Wurtemberg, Bavière)也。德國西南部即爲萊因河之兩岸，彼處農民的地位，地權制度，貴族領主制，農業經營等，都可看見與法國完全相同之點。

第一節　農民的地位與人格

大多數農民的身份是自由的；這也是由於不斷的解放所收的成效。惟當十八世紀時仍有農奴(Leibeigene)且較法國爲多；有若干地方例如附屬於海爾比侖Heilbronn城之各領主區域內的居民皆爲農奴地位，幾無一例外。但是，這却是一個特殊的場合。在他處，同一地方的居民而皆爲農奴及附屬於同一的領主者，則屬罕見。此種農奴制，通常多爲對人的，蓋因地位的卑下，一生長出來便爲農奴，農奴的領主每非爲地主Grendherr亦非執有裁判權的領主 Gerichtsherr。若海爾比侖城曾將農奴制使之與附着土地發生關係，驅逐外來的對人的農奴，把地方上全數居民悉改爲地役農奴，這個實例却甚少流行。

因此德國西南部之農奴制已不是人稅 Taille，強迫徭役 Corvées Arbitraires，土地附屬 Mainmorte 遺例婚姻稅 formariage 等爲特徵的中古世紀式的農奴制了。

無限制的賦稅已不存在了，所謂農奴制賦稅所具的特徵是：一爲覲見時的贄儀 Weisgeld（值數個克路續 Kreutzer），每年於一定日子由農奴親身送上領主居住處，但此種贄儀漸次廢除，例如海爾比侖領主管區內自三十年戰爭後即不復有了；二爲養療費及養療雞 Leibschilling et leibhuhn 或用貨幣或用物品由女農奴送去。農奴因常被強迫徭役；惟此種強迫徭役非因其爲農奴而募徵者；乃由全村居民對執有裁判權的領主應共同負担之義務。

像違例婚姻一類的事一點也沒有了，蓋通常農奴沒有請求與外地女農奴結婚；故事實上不會有不准結婚的場合。或者在巴德 Bade 地方所行的 Salzscheibe 制爲古代違例婚姻的遺跡，此制當農奴結婚之場合，應由女人於其結婚時付納例金。

所謂土地附庸亦消滅了。農奴死亡時，如果他保有衆多的上等家畜及良馬者，兒子繼承時須納稅於領主，德文「繼承稅」之簡稱爲「死亡」「Sterbefall」或「todfall」，有時亦叫 Hauptrecht。通常 Sterbefall 所納約當其資本百分之一，在海爾比侖定爲百分之五，在巴德侯地（Margraviat de Bade）則確定爲百分之二或三；巴德侯地內尚有一例，倘死者債務已旣清償之後，則再無負担繼承稅 Todfall 之繳納，淑至十五至三十克路續 Kreutzer。

此外，農奴制對於農民地權制度上是沒有什麼影響的。農奴得處置其耕地，用以出賣，交換，或付給其兒子作爲遺產，即其兒子附屬於別個領主區內亦然。總之，農奴不是附着於土地的；領主大都亦沒有拒絕其離開領主區內的權限；但當其起程離開原地時放行地則向其收出境稅或「解放費」Loskauf，此稅在海爾比侖領主區內比從前似已減少，按當十七世紀時，「解放費」估財產百分之四十八世紀時爲百分之二、五，幷附加稅百分之十。于爾坦貝 Würtemberg 於一八〇三年「解放費」爲百分之二、五，後又增加百分之一、五「預付酬金」Prograția 及以青年女子名義再另附加百分一、五，惟在巴德地方，農奴離境則沒收其財產及土地。

農奴制度是漸漸地鬆懈了，終十七十八兩世紀中，覿見領主的贄儀亦逐次消滅，賴多次的農民解放運動，農奴數目亦減少了許多。且若含海 Haunsheim 境內於十七世紀時，僅剩外來的農奴，本地的農奴已看不見了，到了十八世紀，連外來農奴也沒有了。——在另一方面，德國東部當十八世紀時，所謂農奴制僅剩一種賦稅形式爲之替代，農奴與自由人一樣得變爲業主。

第二節 土地分配

德國西南部之領地 Grundherrschaft 亦如法國者然，分爲兩種，一爲直接管地，一爲受封地（Mouvances）。在普通實際情形上，直接管地是很有限的，往往反不如農民的田莊 Bauernhof。且許多直接管地，其面積包含所有宮院，別墅，附築物，花園，耕作地及芻場等計算常不及百畝。往往貴族土地之增加多由於森林荒地之開墾，或承接絕嗣的遺產而來；然自十八世紀後亦已不甚重要了。

反之，德國之東部，領主大領地之成就，是毫不費力的，這因爲永佃地 Tenures viagères 之收回，買入，或承受絕嗣遺產等，故甚容易形成大領地 gutsherrschaft。三十年戰爭之後，許多田地是沒得人耕作；如含海一領區內九個自耕農的農場中七個閒空的；領主亦不把牠併入自己領區內，但在別方面，領主却自家竭力整理其已有的田地，拒絕新的佃農，縱然有許多困難，如田間之荒荊野棘，亦所不惜，於是有人稱之爲沙志堡 Salzburg 墾地，斯地利 Styrie 墾地，卡林式 Karinthie 墾地等，總以私人名稱呼之，所以地權之分佈一如往昔，且成爲經常狀態，一直至十九世紀。

貴族的田地是散亂各處，與農民的田地相混雜的，也照行三圃耕作法(dreifelder)；直接管區內之田地則租佃或借貸出去。當時貴族領主專靠其直接管地內的收入是不能維持生活的，但他們與法國一樣，幾乎一致皆取給於所有屬民所納的租稅。

耕作的田地大部份屬於農民之手，農民的田地可分兩種範疇：一種是終身收益的，一種是承襲的。所謂終身收益的佃地 (fallehen 或 gnadenlehen)，當佃農死亡時，貴族地主得自由處分，但通常多是再讓授死亡者之兒子，因此，結果往往變爲承襲的永佃地。不過其轉換時，地主享有轉手稅 (Handlohn) 或重新訂租金(Pachtgeld)之權。

最常有的形態爲承襲佃產。地主好像是土地的最高權力者，他應負允許讓授的責任；新佃農須付田地轉手稅，其課稅多少殊無定例，普通在百分之二至百分之五之間，有時也增至百分之十至二十。佃農死亡時由承襲人付納承繼稅，這就是所謂遺產稅 Hauptreolt（用上等家畜否則用衣服。）妻之死亡與夫之死亡同。但此種稅往往以貨幣形式代替，約佔財產百分之一，有時亦有特殊形狀如海爾比侖管區內，對於男人死亡，在百分之一以內，女人死亡則在百分之〇·五以內。

佃戶所納的地方稅 Cens 及田租爲物品與貨幣。地方稅是徵抽收穫物，酒，家畜的芻草等，常採法國實物分租 Champarts 的辦法；幷徵及雞，山雞，雞蛋，鵝，蜂蜜，羊，豬等（Küchengefaelle）此種捐稅之輕重各地不同，甚至同一地方內，各領主區亦有差異。因徵收吏的無能，往往使佃農拖延積欠，故通常亦如法國一樣由一個農去徵收此稅。如使用公共的麵灶，須付一 Backgeld（現金）——至於徭役，大抵由執裁判權的領主就農村中聯合徵募徭役有兩種：一爲挽車徭役 Corvées de harnais，是管押有車的人，一爲徒手勞役 Corvées de bras 是指揮雇農的勞動者。他們的責任或重或輕不等。在巴德侯地每年二十天爲指揮雇農，六十天爲管押車夫。大概而論徭役是輕的，但比之法國則重得多。若以貨幣替納徭役則反輕於法國。此外尙有非常徭役者卽修理或建築宮壁的工作。

什一稅之徵收無地無之。此又如法國所行者，有主要什一稅及次要什一稅之分，次要什一稅竟徵及家畜，獸羣，酒及草秣。在新開墾的田地上則收新稅 Novales。杜爾拉 Durlach 地方，在新教區域內，什一稅由巴德侯徵收；天主教區域內，普通由非信教領主收主要什一稅，教士則收次要什一稅。

貴族領主制具有其固有的特別的現象者爲自十五世紀至十九世紀間種種租稅的安定，向來未有變動。且以貨幣納稅亦漸漸減輕。這又如法國的趨勢一樣，貴族領主是日就和平的。

另有一種現象在法國未嘗有與之類似者；即終身收益的佃業遞變爲歷代承襲的佃業是也。十五六世紀時已開始有此風氣，到了十七八世紀遂成爲慣例了。此種慣例的沿習之所以然者，即地主授權收益者在一定的條件之下得出賣其佃地，其條件即爲繳納讓佃稅 (Bestandgeld 或 Pachtgeld)，常佔其田價四分之一。但是却禁止成年的佃農讓渡其佃田於未成年人，如一六二〇年于爾坦貝的公爵發佈的限制規則，就是明例。又佃田讓佃於其兒子時，只能由一個兒子接佃，長者或幼者均可，但接佃人須賠償若干銀款於其兄弟，幷繳納田價百分之十於領主作繼承稅。在佃田轉換期間，地主保有更大自由權；他得任意增加地租；至一六五五年的整理規條始確定轉手稅佔田價百分之十（舊佃戶納百分之五，新佃戶亦百分之五。）此時終身收益的佃田已遞到完全得變爲兒子承襲的佃田了。同時佃農力爭確定佃田爲傳襲性質；亞德爾斯貝修道院管業內之佃農爲此奮鬥，經五十年之久；結果，訂定由佃農納以重稅，地主乃始允許。

此外，還有一。。。。種自由農場，除納教會的什一稅外，別無田租；田賦亦已豁免，或僅納十三蚪之麥而已（該處有一特別名詞叫做 Schäffelaecker)，但是像這種完全自立的農有地爲數是極少的。

領主所握裁判權完全具一特殊性質。德國西部握有裁判權之領主與擁有土地的地主是分開的，但在德國東部兩者是混合爲一。關於土地徵稅項內有一部份由裁判人募收的，好像屬於司法範圍一樣，例如向全區 Gemeinde 募集徭役之類是。巴德地方裁判領主有葡萄園稅 Keltervercin（通常抽百分之二）并於物品出賣時亦加捐稅，通常爲百分之十。

當時在日耳曼帝國的騎士領地內，領主爲土地所有人兼裁判人，所以他有權徵募廣大的警察。又如合滿騎士的屬民對於結婚，分配房屋，賣卸或讓渡其田地，出外歇宿一夜以上及移徙等均須得騎士的許可，不能有所逾越。但其時帝國所有的騎士沒有運用他們的勢力以擴展其土地及建造與東部同樣的地制。

第三節　農地經營

從大概情形觀之，德國西南部的農地經營極類似法國，但欲說其完全一樣則甚遠也。德式經營的單位原爲田莊 Hof 此田莊內容的構造甚爲完善，包含有房屋，耕地，草場，葡萄園，且常有森林等。有說此種田莊是「閉關」的 Geschlossen；其中所有的一切財產是不能分割出賣或分割繼承的。操作於田莊的農民 (Hofbauer) 或許是承襲的佃農，或許是終身收益的佃農；他所耕作的田畝是散亂的，往往與別個農場相混在一起。

田莊之外又有許多孤獨的地段，其租額較爲容易叫做 Sölden；每段地有一茅蓋的屋子，一花園，一家畜棚，間亦有一馬廐及數坵田地者：在含海五十五個地段中有三十五個沒有耕地；這顯然是小農場地段上的佃農普通都是承襲的，且他能佔有此種地段外的獨立土地。

德國西南部地制上有一極普通的現象，此卽田莊的分割及細小農場的進步，此現象自十五世紀以來已可看見，至十七世紀尤其十八世紀便完全確定。一個田莊往往分租爲十個佃戶。此種分割的原因爲何？這並不是因爲田莊太廣了，蓋其所分割的田莊多是狹小的，也不是因爲地主的薄弱無能，因爲此現象之發生都在受諸多阻撓的領主管區內。實則此種分割，對於地主是大有妨礙的，因爲在收租上他更感困難，他亦屢思克服此困難而舉辦共同集合納租。然貴族地主愈多，田地細塊的分割亦愈烈。考其眞實原因，是因爲承襲制之推行，使田莊不斷的分割於其繼承人佃戶家中間亦有想補救此弊者，或議由一繼承人繼承佃田，如黑林（Forêt-Noire）所行的繼承制一樣。

承襲佃田的分割比終身佃田爲甚，這也是自然的趨勢，蓋貴族地主對於後者尙保有佃田轉換權，得以防止其分割也；孤獨的地段分割尤爲容易，同時開墾的土地亦易分割，蓋此墾地卽新的耕地，其情形與孤獨的地段一樣。

田莊分割後所生的影響是很明顯的，卽田莊的佃農與孤獨地段的佃農在法律地位的區別沒有了。從此，農民只有依其經濟的條件以區別其地位，看誰的土地之大與小，看誰的家具完全或缺乏，又看誰是用牲畜耕種或用徒手耕種爲辨別的標識了。另一影響，是使徭役更難於徵募，實際上即促使徭役的消滅。

土地分割進行中曾有一個反動，特別在黑林（Forêt-Noire）地方竟有人發起重建大農場。

土地分割每隨着地方之自然環境而有程度之不同，較山野及較磽瘠之地如黑林，阿爾哥 Allgou 弗朗康尼 Franconie 及阿特巴耶 Haute-Bavière 等處情形稍爲和緩；反之在肥沃地方如內卡爾 Neckar 河沿岸及萊因河一帶平原，分割的趨勢是非常厲害的。

我人在此可指示出一切環境大部是隨着農業經營的性質而決定的，像這樣分割情形，農業大企業決不能存在的。且土地分割使三圃耕作 Dreifeldwirtschaft 繼續維持，每個教區 Paroisse 內土地都分作三種田或三圃田耕種，第一種爲冬耕，多播種裸麥；第二種爲夏耕，播種蕎麥及次蕎麥 Sarrasin；第三種爲休耕。所有耕種都須依照此項辦法把土地分割爲三種。到了十八世紀此三圃耕作制稍爲放鬆，蓋墾荒的新耕地打破了此舊套陳規，同時新的種籽如馬鈴薯，苜蓿，油菜等已有人栽種了。在山內地方，耕種是自由的；彼處的農作物，如黑林以牧畜業占優勢，但對於牧場及蹴草殊欠注意。

公有地產比法國要廣大得多。其一部已出賣或佃賃出去；尤其是花園及草場。果子及木材亦有售賣。此種利息之收入每有數千弗洛林 Florins；在森林內居民有集體使用林木之權（採斫燃料及剷刈草秣）此使用權是屬於房屋的所有者，如僅有半房屋的主人，其使用權亦爲一半。至於草場使用，每家限用半畝草地。若領主的收益通常是確定其數量，例如木材及草場之收益，他們各佔三分之一。

再則公有土地之組織亦比法國完善。鄉村公社 Dorfgemeinde 實際上是存在的，且甚似一眞正的文明法團。公社的人員 Gemeinsmaenner 一律的担負修建道路及橋樑的勞役，幷須出席鄉村會議。領主所任命的公社幹事 Schultheiss 是領主的事務人員，同時兼鄉村的理事人，鄉村幷給以工資；村上有以十二人組設的法庭，公社幹事常爲法庭的主席。鄉村公社之職員中計有兩個市長，許多地保，森林管守人，草場管守人等。

第四節　巴耶的地制

巴耶的地制與德國西南部各地稍有不同的地方。農奴制度雖如前文所述者一樣，但比較普遍。貴族領主所有的土地亦較廣大，因此發生幾個重大的必然的結果：

一、需要廣大的農業勞動；領主常給與這種勞動者一座房屋，若干花園及草場 (Tagwerkhaeuser)。

二、需要多數的僕役；幷爲着助理僕務 (Gesindedienst) 起見，農奴的兒童亦被驅使爲貴族地主個人的侍役，幷且非得其許可，不能做其他職務。

三、徭役占了極重要的位置；領主利用徭役在鄉村中與農民田地混雜的領地上從事耕作，一直維持到十八世紀末。尚有供役收獵，搬運輜重及森林工作的徭役；女人則爲洗掃宮墅的房室，及紡造麻苧絲等，平均每日可賺兩分尼 (Pfennigs)。最通常者爲非常徭役，但此項徭役沒有確定其工作範圍，亦沒有規定工作日數，一過又一過的繼續下去，此變動無常的勞役實爲領主與農民間不斷的糾紛的原因。按巴耶自十七世紀末已開始改變勞力徭役爲貨幣貢納在領主業地上自一七七〇至一七八〇年已發生同樣的運動。從此一步步的把無限的強迫徭役漸次改爲固定徭役。此種役制無論在領主的業田或在農民的業田上都阻礙了合理的進步蓋徭役的勞動是敷衍的，沒有好的效率的。且因此遂於一七九〇年起惹起解放運動。

其時貴族、領主、所依爲生活及揮霍者，專靠農民所納的捐稅，此與我人前章所述者毫無二致；捐稅的收入或爲金錢或爲物品，雞蛋，雞等，但通常多爲宮室中的點綴品。在許多場合上，此種種捐稅是沒有確定其質量的，因是，領主的代理人員往往乘此多加勒索，尤其當徵收物品時要最多又要質好；這種營私舞弊常從其度量的作僞及故意要求上等麵粉等處發現出來。

什一稅是一極重的負擔；且此稅許多歸入於非教徒之手。依法例上什一稅之徵收僅限於主要者（如穀物及酒）而事實上往往收及細物（如果子，苧麻，給蔣等，）這是予耕作上以極大妨礙。一七七九年的修正條例明明規定自一七六二年後新開墾的土地已既免去賦稅，則什一稅亦在豁免，然而貴族地主對於此修正條例，多置之不理。

在巴耶，農地經營的方式極多類似西南部之各地。間亦有更廣大的農場，且其農場爲整個的一塊，面積殊廣，這是使其耕作更爲合理化。佃農尤其在西部者常爲耕作短工（Tageloehner, hausler）以維持其生活，因以每與耕地離開。不過他們在本鄉地域內播種的土地，亦保留其細小的田塊，幷且使用三圃制內之一部。

十八世紀時曾有集合零散耕地的趨勢，其集合辦法多爲彼此交換，但此趨勢一直至十九世紀始完全告成。巴耶選區的政府爲欲增加人口，竭力扶助大地產及大農場的劃分，同時幷爲改良農作起見亦極力使零散的農場合併爲一塊。但君侯發佈這種種改良的法規，均由地方長官執行，而常發生窒礙，因爲彼等偏欲維持舊日的狀態，玩忽政府的命令。

第三章　德國西北部

德國西北部（威斯法利 Westphalie，哈諾夫 Hanovre，路納堡 Lunebourg.）的土地制度很明顯的與西南部相似。惟間有一特別的地權形態卽租地 Meiergut 的組織是。

我們研究德國西北部貴族領主土地本身的沿革中可以明晰這特殊的地權形態的一切組織。當中古世紀貴族領主對於自己的地產，保留一部，其餘一部則建立奴隸農場（Tenures serviles）。每個領主區域（Siegneurie)的行政事務乃委給一個管家 Villious(Meier)去管理。自十三世紀以後，農奴漸進解放，身份上雖已自由，但都失掉其原來的土地，而管家的組織也就解除。於是租地 Meierguter 乃代之而生。當時管家遂向領主賃佃保留的一部田莊 Hofe 或由多數奴隸農場相聯而成的新墾地，而管家變爲佃農（Meier）了。至當時農奴則移徙別地，或往東部墾殖。但在另方面，也有一部份農奴在租地內居住。像這樣轉變的經過，德國西北部全境都是如此。迨十八世紀時因自然進化的阻滯，古代遺留這樣的形跡，仍繼續存在。

第一節　農奴制度

農奴制在大部份地方已消滅了，惟哈諾夫，哈耶(Haya)及地豐累(Diepholz)兩伯爵地尙散佈着。在兩伯爵地，農奴的數目比自由人更多；他們的由來大抵爲承襲的或接受農奴的財產。領主對農奴讓與一部份土地，農奴則永佃此地，為傳襲的佔有，但非經領主的許可，不得剖裂農場，出賣，典押，或改變栽植果樹，否則便有被逐的危險。此外，如果他不善耕作土地，如果他拖欠捐稅在三年以上，如果他於結婚時不送筵席費 Weinkauf 與領主，領主常以驅逐威脅農奴。關於婚姻之必得領主同意，此亦農奴制之一特徵。當農奴死亡時，其所有的財產，縱然不脫農場之內，而應歸其兒子繼承者，均須以一半歸還領主，若農奴要離開農場亦應納稅，叫做自由稅(Freikauf)。末了，農奴且不得與領主興訟，無論動產與不動產非得領主的許可不得立遺囑。死後所有的財產僅能由一子繼承，通常為最長者或最幼者。

在經濟觀點上，農奴的地位比之自由佃農（Freimeier）不會更壞。他們所納的一切賦稅且較輕，蓋其所納者概用貨幣故也（貨幣的價值常較低下）。他們所負担的徭役，一般已改用貨幣抵納，為數甚微，這因為在兩個伯爵地內，騎士的農地經營殊不重要。對於農奴離境之自由稅（Freikauf）及其死亡時之繼承稅，實際上領主雖盡量改善，總仍予人以極大痛苦，且流弊滋多。自十八世紀初，農民已踴躍自求解放，蓋因貴族階級的貧乏，領主所有整塊的田莊之解體，及大部農場遠離領主的住所，乃賚予農民以方便的機會。就是貴族領主看見農奴制實妨礙農場經濟的發展，自己也一致承認解放農民。故十八世紀時事實上解放農民甚衆，或者已放棄其奴屬義務。

僅在哈諾夫仍有無限制的徭役，使農奴感受絕大的痛苦，至於個人附庸的關係則已不存在了。

總之德國西北部全境農民解放是有進步的這從舊農奴制上可以舉出若干條件來做證明；如奚爾德海Hildesheim 主教區內的「社有制」(Halseigens chaft)是其一例。參加這種組織有這種入社權的大部份農民是附屬主教管區及奚爾德海的教院，幷屬於哈諾夫選區和Brünswick-Wolfenbüttel公爵。他們是『租貸田莊』(Meierdinge)的所有者，組織一個「合作社」(Genossenschaft) 凡是社員皆能佔有此種財產。這個社的標識為一隻雞Halshuhn 其意義是表明每年要貢納領主一雞，雞為上等家畜，繼承稅亦以雞繳納。十八世紀中，農民身份的束縛沒有了；遺例婚姻稅亦取消了。徭役僅不過一種地方捐，徵物稅亦輕了，所存者不過消極的限制，即佃農如果於三年內不償賦稅，或貿然在特別法庭提出關於佃田而訴訟，就會失去其財產。又佃農不能割裂其農場，不能將其典押；他的遺產亦僅能給其一子。但這種種限制倒無甚關係，蓋佃農實是一個承襲的土地所有者，他是自由人，他能以承襲佃農的名義佔有其他財產。總之 Hasseigenschaft 固為古農奴制的遺型，但農奴制漸漸的鬆解了。

第二節　農民地產

農民地產的廣大是很可觀的；惟其土地權是在貴族領土的土地太上權力之下。

農村中最普通的形態為定期的租地 (Meiergut)。這是有時間性的佃田（六年九年或十二年）與法國的貸地(Domaine Congéable)相彷彿；地面的建築物是租地人建造的，當賃契終了時，地主應賠償其建築物及其一切改良費。十七世紀以降此種租地漸漸演變爲承襲的了；通常都由佃農之子承繼，領主則對其家庭財產上享有抽稅權，三十年戰爭後因爲種種困難，定期的租地殊難發見。僅哥廷漢公國 Principauté de Göttingen 倘保留之。

租地 Meiergut 的原由在與領主訂立合約中是有註明的必要；此租佃契約 Meierbrif 在巴斯薩克斯 Basse-Saxe (Brunswick, Hildesheim) 每三年，六年，九年或十二年重新訂立一回，惟在路納堡 Lunebourg) 波希米 (Brême) 及凡爾丁 (Verden) 逢更換佃農時始重新換約。租約上載明財產的目錄，佃農領執此約時須納接佃的筵席費亦叫做 Weinkauf。

佃農有地面及建築物的所有權，幷有權耕作其農場；他非得領主的許可不得出讓或分拆，亦不能把農場割裂；至死亡時僅可遺傳其長子，無長子者則給長女。耕作者不能隨意變更其作物（如耕地不得變爲草場；）如果經營不善，致有損失，或三年內不償賦稅則將被驅逐。當佃農被驅逐的場合，地主則收回租地另招新的佃農；不過，在事實上，此種現象是稀罕的。

像租稅一般，佃農應以貨幣或以物品繳納地方稅（通常爲穀物及家畜，）收穫時間常有分租（Champart）者佔收穫物三分一或四分一。納稅時亦有以鷄及鷄蛋者，這是表示奴隸義務的意義。至於徭役則不甚重要，特別在南部；他僅限定若干日爲運輸穀物至領主屯倉或至鄰近市場；對執有裁判權的領主仍繼續供充徭役；在北部徭役是較爲繁重且操在地主之手。佃農亦須納大小的什一稅於教會，幷納田賦及預徵田糧於諸侯。此處應有注意者，一個佃農常有數個貴族地主，或天主教徒或非教徒，因爲他的田場產業是由數塊田地構成的。佃農在鄉村間亦如一切公社組織的會員一樣享受使用權及公產權。

此種租地之外又有相當於永佃制式樣的佃地 Bauern lehen, Erbzinsartige Besitzrechte, 普遍於巴斯薩克斯全境。在法律觀點上承襲佃農比定期佃農較有自由以處分其田場；他的租稅亦較輕。惟佃入土地時，佃農須表示忠實之意，至佃地轉換時亦須得其同意。在經濟觀點上這兩種佃農的性質是不同的，定期佃農爲欲完成其職責，不特是佃地的企業者，同時幷兼地主的企業者，由地主向其徵收一大部地租；至於承襲的佃農，領主僅就制度上收其所應得的普通的地租。定期的佃地常爲一主一農場，而傳襲的佃地多由若干單獨的田場所構成。

第三節　農民及其他各階級的經濟地位

先說佃農。佃農的企業常佔重要的位置。

他們住在鄉間，其房屋通常是自己所有的。周圍都是耕作地。耕作地的單位爲一小田段 (Hufe)。一個全農場 (Vollhof) 包含兩個小田段；半農場則僅一小段而已。一小田段作物的面積連零散的地段共有三十德畝 Morgen。惟到處尚殘存三圃制的塊型。佃農應用他們的收益權：引導獸羣到公共牧場去，採斫森林的木材；其收益權之多少以其企業大小爲比例。

農民中之賤農世人呼之爲 Köter （狗）者爲數甚衆。大部份地方分別此等賤農爲大小兩種：大者爲 Grossköter （大狗）有馬二匹，馬車多輛；小者則僅半輛馬車或以雙手作工者。這兩者都沒有一小田段。前者利用一匹或二匹馬耕種二十至四十畝地；後者僅有四畝地耕作，而不用馬。前者以耕地足以養活，後者則須出外工作以博薪資。

山野長工(Brinksitzer)及墾地人 (Anbauer) 顯係層農性質。前者在西北部甚多。他們的所有財產爲一房屋，一院子，一花園，總計其面積至多不過二畝。他們是住宿在村莊以外的。這分明是新來的墾殖者，或者因無力納稅而來此逃避者。十八世紀時，此類農民的數目大有增加。他們併獲有公地收益權，普通并畜有若干獸畜。但他們如失去土地便不能生活，且大數仍兼手藝工人。

十八世紀時有許多墾地人 Anbauer。這是新來的殖民。七年戰爭後，其人數增加；於是有墾地的大運動。他們之中也有許多佔有徵地方稅的采地。

貧農中有賃住人 (Häuslinge) 及傭人(Abbauer)，就是向貴族或農民土地上租賃一小屋及一小角花園而生活者，他們不屬於鄉村公社範圍內，在公地上收益多少依照其所租賃的房屋大小而定。他們完全恃雙手作工爲生活，或爲手藝，或爲紡紗；但是他們常畜有母牛一，豬或牝羊數頭。但農佃未得領主的允許絕不能接受這樣的貧農此項貧農對領主須納保護費 Schulzgeld。

總之農民中之各階級是依其所有的土地之大小而區別；其間每級又各有其農業經營的特殊型態。農民各階級中因經濟利害關係亦常發生衝突，尤其是前兩種佃農與下等貧農，當收穫時期，富農是須要山野長工及無家室的貧農來工作。但是農民各級中各有錯綜的家譜淵源，當如佃農之子亦有為貧農之可能。故他們中的暫時地位雖不同，然決不能構成對立的壁壘。

第四節　貴族地產

貴族地產中應分為騎士的土地 (Rittergüter) 及地主的土地 (Grundherrschaften)．騎士的土地是很容易辨別其特色，它是豁免國家田賦及司法稅的。是受政治特權保護的，因為這些特權者在法律上僅受第二級法庭處理且他們與政府勾通，得以說情。特權者的權力與地主的權力是兩件事。雖然在實際上亦常常混在一塊。地主 (Grundherr) 有土地的太上權，享有土地最高的權利：對於佃農或以貨幣或以實物來徵收地方稅，什一稅，(因為什一稅多在非教徒之手) 及徭役；關於徭役雖不甚普遍，但至少在巴斯薩克斯之北部是存在的。

關於領地裁判權，騎士土地上的與地主土地上的是不同的．固然在實施上可合併在一起。地主的法庭比較的少，但當時在路納堡及波希米比南部稍多，在何耶地豐紫 Hoya-Diepholz 伯爵的封地僅有一個；凡爾門公爵封地則無之。其組織概為鄉村裁判所。

同時地主裁判所常受諸侯的裁判權約束的苦痛。諸侯裁判所每十鄉或二十鄉有時三十鄉設一個。在北部司法上大部份權力皆在諸侯把持之下，地主的法庭僅收受民刑事的細小案件。在南部，地主的裁判所比較獨立，其間並有「閉關」的法庭(Geschlossene Gerichte) 其裁判範圍僅以轄理的農莊為一管轄區，然在北部則包含零散的數個農莊——北部因司法與行政的權限時常混合，故法庭管轄及警察因此騎士裁判所之權力特別擴大，這也就是使諸侯實行監督地主裁判所的理由。——在裁判權上並附有關於佃農的事件，最著者如大部份徭役皆屬裁判所管理。故我們如果肯定南部的徭役比北部為甚，此即因地主的裁判權較獨立之故。所以地主裁判權竟能直接行使到貴族地產的經濟企業上去。

現在，我人應注意到貴族的真正土地，即其直接管理的田場是也。貴族真正的土地在南部不甚廣大，在北部亦無足注意，如果我人撇開東部及東南部的路納堡不講，其真正的土地則僅及通常佃農所耕作農場的面積。

在領主經營的田業內（即王室經營的田業亦同）是找不着一整塊的大農場，但却有多數中小面積的農場，分別租佃出去。地主自己經營的農場，徭役為一主要的資本，尤其在南部，他們的直接農場占重要地位，他們的裁判權亦較完密，徭役亦較發達。

試述君權私地的一個例子：如格命德 Grohnde 在卡林貝 Kalenberg 公國之南部，爲威塞爾 Weser 之港口。其轄地面積包括十村，所有居民皆迫充徭役。徭役有經常的與非常的之別，——經常徭役如係佃農則使車，如係賤農 Köter 則用雙手。全佃農 Vollmeier 每八日服役一次，半佃農 Halbmeier 則每十四日一次，賤農八日一次，準農夫 Beibauer 十四日一次，用車服役者駕四匹，耕作工具數種；服役時間，夏天自早六時至晚六時，冬天則自太陽起至太陽沒。服役者領取食物或領取金錢以換食物。他們或爲農業上各種工作，或爲運輸車輛（如地方稅所收的物品或修理宮墅的一切材料。）總計用車徭役二百二十次，凡二千二百七十日，用手徭役九百九十次，凡一萬一千一百六十日；在這些日子中，車徭役五百五十九日，手徭役二千五百七十日。是以貨幣發給工資的。此外尚有非常徭役：即當收穫時期應做二日或三日的工作，運輸麥子至哈諾夫（Hanovre Landreise）則三年一回；當孳殖時爲非常時期須擔任一切工作（如引領所有羊羣及染紅蔴苧。）非常徭役的工資向來是不給貨幣的。如敢向領主索取者則受重罰。

在南部完全與此相同。經常徭役每週通常二天；且屢次都是強制的，不許替以貨幣作稅抵納，因此該地農民的墾荒比其他有農業大企業的地方更爲發展。卽以其得徵義務徭役故也。三分之二之騎士的土地以其不受裁判權的管轄，如是他便爲君權私地內所讓出或借與的徭役之所有者。在朋斯威克、窩爾芬布德（Brünswick Wolfenbuttel）及奚德海的封建領區，內徭役的組織與南部同。反之在北部（除路納堡東外）路納堡大部份，何耶伯地，波希米及凡爾丁公爵地徭役却已改爲貨幣作稅抵納，普通爲九或十個打勒爾(Thaler，此爲德國古錢幣名，每打勒爾約值三馬克——譯者，)而片面義務的服役 Pflichdienste 已不徵求了。故在這些地方，貴族地主是沒有大企業的農場，其直接管理的田場不甚廣大；大部份的田場皆租佃於農民，且其作物僅爲供給貴族地主家庭所需要者，至於貴族地主所賣出者不外製麥酒場及養羊場的出產品。

除南部各地方外，有一普通的現象，即貴族地主的主要經濟不在所經營的農場之收入，而在封建領主制之種種苛捐雜稅（地方稅，地租，什一稅等，）即幷南方而論，貴族領主之捐稅總佔收入之最大部份。

其次，德國西北部的地制其與西部相同之處比東部爲多，在東部，就吾人所見者，每個貴族的田場都佔整個鄉村。領主是耕作其自己的土地的；一切的居民都服從領主的統治，幷應負許多無報酬的服役；貴族地主且得處理公共土地。

反之，德國之西北部，農民仍有其自治的團體，爲著公共的需要和行政上便利起見，設一強固的集團組織，大家都應該把自己看做所有權者。其行政上的事項是：1.公共財產的行政；2.各種收益權使用的規則；3.農村警察，特別關於耕地的警察；4.修築道路橋樑的會議；5.救火會；6.田賦的徵集。農村公社的行政事宜則由莊主(Bauermeister)掌握之，由王侯派出的官員督理之。

德國西北部的農村公社亦有德謨克拉西的憲章；會員一律有選舉權，惟對於獨立的地主不在公社範圍之內，蓋此等地主是管理未入公社之零散的農民的；又關於公權方面，公社是在王侯朝庭監督之下。由此可見這是保持世人所未及的眞正的自治政府，它是回到中古世紀，它亦是保證經濟的和社會的實際及物質的需要。

德國西北部的農民與西南部一樣在社會經濟上占了第一位；整個土地幾乎都是農民開墾的。但農地之大經營完全爲貴族地主的管理，不過此種現象僅在愛爾帕河以北，沒有越過南部來，所以西北部的土地制度與西南部根本不同，我人亦已知道西南部的地制就是法國所佔優勝的小農制。

第四章　英吉利的地制

在研究歐洲東部的土地制度之前，應先論及英吉利；蓋英國首先知道土地進化的法則。原來英國農村階級亦與法國相類似，其地制演進的結果，有些部份亦頗與歐洲東部相同；惟自十八九世紀時土地集中，農業大企業形成，遂與法國現在仍佔優勢的小農制的農業經營分道揚鑣。

按英國土地所有權之確立始自中世紀，幾乎與法國同時在莊園制度(Systéme manorial)上，田場分爲兩大部份：一部爲領主的保留地，一部爲農民的農場。其時曾有農奴解放運動，且比法國進步爲速；無限制徭役業已改爲以貨幣作稅抵納。至自由佃農 (Freeholders) 當中世紀末已經不少，租佃的條件殊不一致，蓋依其承襲的地權關係而有不同，有一連三世的長期租佃制(Copyholders)，有短期的租佃制 (Leaseholders)。

此各種階級不同的農民，英文以 Yeoman 一字概稱之。但是農民佃田之有傳襲性質者比法國較不明著；移轉的變動更爲無常；一大部勞動者是沒有地權的，或者僅有一細小部份，他們是居住在鄉間茅舍裏(Cottagers)，其工作形態業已成爲農村勞動者(Labourers)。

中世紀末此種農村勞動者的數目激增，蓋因長期賃耕的佃田制已多改變爲短期的受時間的限制了。另一方面，自亨利第八世改革以來，乘教會的土地解脫宗教羈絆之際，增加了貴族地主，彼等幷盡可能的使地盡其利。

在英國農村經濟中尚有一形象值得注意者，即公有制的鄉村公社。這公社制不是大家公共所有權，而是共同在土地上收益而已。易言之就是一種露田制度（英文Openfields法文Champs-ouverts），在這露田上佔有權是散雜混亂的。同是一個地主或一個佃農，他的農場分劃得許多塊數；例如某甲有二十英畝的土地，散佈全教區（Township）劃裂凡三十塊，這種情形的由來很難確定的，或者因於土地曾經有定期的重新分劃；或者這就是古代土地共有制的遺型。總之，以前隨時更新分配土地是無可疑義的事。

第一節　農地經營

當那時候，每個農場仍舊分成多塊，如果非因其移轉（出賣，傳襲）關係，則始終屬於原主，沒有變更。此散雜混亂的塊地，結果就產生了共同耕作：其方法即三圃制，把每數區田地劃分幾段；普通上三年輪迴耕種：第一年小麥或大麥，第二年蕎麥或荳或豌荳；第三年爲休耕。有些比較肥沃的地方則四年一輪迴：其次序爲小麥，蕎麥，大麥或菜蔬及休耕；例如劍橋伯爵地及愛斯爾咸（Isleham）就是四年一輪迴的。每有六年一輪迴者：其次序爲：小麥，大麥，蕎麥，苜蓿，蕎麥或大麥及休耕，此外有二年一輪迴的，一年播種，一年休耕，在約克York伯爵地此種輪迴制是佔優勢。間亦有極少的例外者：如愛東，（Eton），烏布東（Upton），多爾內（Dorney），及布金咸伯爵地(Comté de Buckingham)完全沒有休耕。在較次肥沃的若干地方，則三年，四年，五年或六年漸漸延長其輪迴的時間。

在每個地帶之露田上，播種與收穫常在同一時間。一經收穫後，露田就變為共同收畜的草場；在休耕田內經田主刈收草秣一回後，其地亦屬共同使用。顯然，此公共經營的形態是防衛自由農的地權的。

耕作田地以外有公有地(Common lands)及荒地(Wate lands)之存在，其面積很廣大屬於公共管理或屬於自治村管理；其他為野原，荊棘叢場，或亂木橫生。公共野地為供羊羣的草場；森林為供居民共同樵採；池沼則共同漁取，潮地則供共同拾取泥炭。這些公共土地原則上仍屬於莊園領主Lord of the Manor，他有使用收益權。至於其他所謂公共使用收益不是屬於一切居民，而係是屬於佔有權者，佔有者使用收益權之大小，通常依其佔有的土地而積之大小為比例，是有限制的。惟貴族領主獨能無限制的驅使其羊羣到公共草場去，他的使用收益權是無限制的。但是有些州縣的習俗，凡居民縱非佔有土地者，也得使用公有地，即居住一間屋子的家戶限定遣歐畜二頭或三頭到公共草地飼養；不過事實上亦常有放任的事，如採拾枯木，織造者之展晒漂布染布是沒有限制的。也有許多貧民在那裏搭蓋小房子或草棚，以為居住之所，這就是建築簡陋的茅舍(Cottages)。

使我人能夠更多更好了解鄉村公有地的事實，莫若就現在仍然存在者來研究。例如在挪丁咸(Nottin

ghamshir)之拉斯墩(Loxton)村，村在教區的中心有周圍繞以籬笆的田；但村中土地一半為露田所佔，行三年一輪迴的制度(冬麥春麥及休耕)並且有公共的牧場及草地，這是一例。在諾爾坦東(Northamptonshire)之卡斯多爾(Cestor)村全面積四・九七六英畝，圈圍的田一・三〇〇英畝，露田二・四二五英畝，草地八一五英畝，野原三七〇英畝。收穫以後，認為這都是不生產的草地。且貴族地主(天主教的職司及Fitzwilliams伯爵)所有田地與農民的田地相混雜，直至一八九二年始行完全圈定，這又是一例。最後如在漢羅(Henlow)圈地是新近的事，以前全村面積二・四五〇英畝皆為露田。耕作地分作三段或四段占總面積一半以上；較難耕作及較遠者則為荒廢草地。農場是劃裂的，(每農場自三英畝至二十英畝)例如有二十英畝的農場竟劃裂為三十塊。沿河之兩岸為公共牧場，且分劃半英畝或四分之一英畝為一垣，刈草之後則充公共的野地。

像這樣的農業經營形態自然促成了自治的組織：如地主與佃農組成共同利益的議會；自設農村法官(Fieldjury)以解決耕作上的各種問題，置監督官執行議會的行政職務等。這自治組織中的所有人員共同分配公有地的利息。

第二節　圈地

圈地促進土地的集中，過去的一切制度都被其根本改變了。第一次的圈地運動，始於十五六世紀，即始於一四七〇年至一五三〇年，此時期大地主為欲增進其財富，常恃其勢力私劃公有田產，并站在自己利益上進行修改土地的區劃。十六世紀初農民中就已怨聲四起，責備圈地；並指斥其改變耕地為牧場，縮減農莊的數目及排斥農村的人口。一五一六年摩路斯（Thomas Morus）在他所著的烏托邦 Utopie 上曾說：『為着供給一個人貪佞無厭的滿足，為着要許多土地歸併成為一人的私產，把千萬畝的田地都用籬笆圈圍起來，啊！這是社會的大浩劫！無數的村民便從田間被逐出去，受彼強暴者無端的掠奪和剝削，當他們都陷於顛連困苦之境地，結果就不能不出於典賣財產了。』

據官方檔案記載圈地的結果亨利王七世時，一四八九年的法律案件內曾說『威德(Wight)島的人口已經減少了，但仍繼續把耕地改為草場，壟斷農莊』，同時仍有一可注意的文件，即防止農村破壞的布告中，有一段說：『朕嘗見農村中的衰敗一天甚似一天，爾等一任其陷於破滅，爾等願意把鄉村及家室任其分崩離析，爾等把從來貢獻於勞動者的耕地改換為草場。——昔日多少鄉村有二百家從事農業工作，儉樸而餘裕，今者僅剩二三家從事畜牧而已，其餘皆為游閒，無地可耕。』於是法律嚴定從事耕作者才能居住一所房屋，並維持有耕地二十英畝之家庭的狀況。

然而，這法令沒有被人遵守，故一五一六，一五三三，一五三五，一五五二年中先後頒布同樣的法律，飭令重建或修理已經捨棄之茅舍；限制地主應有羊羣的數目（一五三三年的法令規定最多不得超過二千頭。）於此，我人欲加插一筆者即十五六世紀時領主企圖增大其封建利益的野心，比之擴充其土地尤其來得兇猛，故這時代承襲的永佃地多已改爲短期的佃田了。

但自一五三〇年以後及十六世紀下半期，圈地運動是較和緩了，而且幾乎暫時停頓下去，這很難曉得是基於什麼理由。按十七世紀至十八世紀初仍有許多地方尚未圈定的；農民階級所有土地的面積仍佔三分之一或竟半數，當內戰發生時自由農且佔很重要位置，他們在克倫威爾（Cromwell）指揮下充當主要的圓頭軍"Têtes rondes"

十八世紀時，圈地運動已極猛烈了。有人以爲此圈地之再次發展的主因，是因工業的進步。然而，圈地運動明明是在工業進步之前，且工業發展特別是在十八世紀末及十九世紀之初期。故此說殊不能謂爲正確。

或謂圈地的根本原因是爲農業的發展。眞的，當十七世紀時，農業問題已爲社會所注意了，克倫威爾攝政時之哈爾立（Hartlip）威斯敦（Weston）及一六八八年革命後之多那爾遜（Donaldson）諸人皆爲近代農學的先進者。不過在事實上十八世紀前，農業進步是遲緩的。

據福愛（Daniel Foë）的地誌，我們知道英國的土地幾乎到處沒有耕作的：在約克西（Yorkshire）及瑞爾來（Surreg）伯爵地充滿了荒地；在劍橋（Combrige）限丁敦（Huntingdon）及林肯（Lincoln）等伯爵地的潮濕地甚廣；大特爾比（Derby）諾爾含白倫 Northumberland 伯爵地亦有許多未耕地。此外，農場的經營仍然墨守舊規：三圃輪迴制爲最普遍所用的，農具是粗笨的，羊棚亦古式的。應該廢除的自由租佃Tenures at Will數目很大亦足以妨礙改良之進步。

然而到了十八世紀發見了一個大物變農學之昌明予以極大影響；其最著者爲杜爾(Tethro Tull)一七三一年出版的 The new horse hoeing husbandry, or an essay on the principles of tillage and vegetation 杜爾本人幷在白爾克西(Berkshire)從事於其所有地產上的經營，得來了許多經驗；他乃介紹耕種的優良方法，繼續田段的分劃，廢除休耕，幷指示獸畜換種及種甜蘿蔔的好處與主張人造牧場。

且同時，貴族地主已感到增加收入的需要了。有些竟放棄其農業，如前政府大臣丕鮮公爵(Lord Townshend)退休於諾爾埠Norfolk之限咸(Rainham)時，摹倣荷蘭人的方法，致力排水，飼畜及種種的改良，廢除休耕，專門畜羊，幷以人工創造牧場。因其收獲良好的結果，其他地主遂相率效法，如諾爾福伯爵竟以改良土地致富。三圃制的田段劃分雖仍保存，却已廢去休耕；而輪種豆，小麥，裸麥，蕎麥等。公共荒野(Commonfields)良好的部份亦已耕種，牧場則更大大的發展。屬於幾個所有權的田地向來是公開的，這時候亦已劃界築離了。

十八世紀下半期大工程的企業亦發現了：如填築潮地，建造道路及開鑿運河，水陸道路交通的進步對於農業的發展是有大影響的。

那麼廣大的佃農(Farmers)形成了一階級，如郭克河克成Coke de Holkham於一七七六年建立一個値二千鎊地租的田莊，後來再加擴大，竟有二萬鎊的收入；凡訂定長期賃契佃出的田地，他竭力使農民信任新式的方法。同時業大畜牧者也大有其人，如巴克威爾 (Bakewel) 試驗改良埘殖的獸種，已應用眞正的科學方法。新的獸種亦已發明。如杜爾咸 (Durham) 所用的，不久在法國也曾試驗；此時英國已爲全歐的模範，關於英文出版的農學書籍到處流行；法國從此亦開始翻譯英本的農學。十八世紀下半期著名農學者楊格（Arthur Young) 自一七六七年曾旅行全英國，後又到法國以作比較觀察，一七九三年他創辦一個農學會 Board of agriculture 自任秘書凡三十年之久。

誠然，農村公社制是不大適宜於農業的大進步，因爲它欲保證公共使用的草場，遂不能不保留荒地及不耕地；且要公社全體社員適用新的耕作方法亦覺乎其難。原來爲欲遂到農業果敢的邁進使農場成爲一個整塊之大農場的經營，還是必要的。

當時首先在公共荒野上試用新的耕作方法。一七七三年的佈告，乃關於可耕的公共荒野最完善的規條，申明凡是此種的耕作須得佃農四分三的贊許及地主和什一稅官 (Decimateur) 之同意。主佃合約的有効期爲四年六年或八年。每年應舉出一事務員 (Fildreeve) 以管理凡有關於公共土地的事務。約克伯爵地之哈曼庇 (Hamanby) 地方耕作田地已在公地上發展，愛薩李占 (Isaac-Leetham) 曾試行此種制度採用一新式的輪迴法：1. 羊類的草棚 (Turneps) 及牧場；2. 植裸麥；3、草地；4. 植小麥；5. 植蕎麥或稀豆。每個佃農必須派遣羊羣在公共草地，羊羣多少依其田場大小爲比例。這合約實行後七年即一八〇〇年在哈曼庇就發出了圈地的佈告。且查一七七三年的佈告在某部份內已經預埋着圈地運動的伏線。

再則，十八世紀中貴族地主已竭力的擴佔其土地，并把承襲的或長期貸耕的永佃制改變爲短期的租佃制。從此土地集中了，土地集中的另一方面，就是奪佔了農民的田地。這是圈地之最顯著的結果。按圈地進行之得以順利，乃完全由於貴族之特有政治勢力，他們在兩個議會中無論保守黨或自由黨都在他的影響之下：此即英國數百年操着國家一切大權的貴族地主階級是。

第三節　圈地的機構

圈地之進行已反於十六世紀的情形而取得法律的根據了。蓋其中許多都由國會議決的。當時國會曾收到許多請願書，引起激烈的辯論。可注意者就是大地主提議召集地主會議，此地主會議原來規定凡是佔有地面者有選舉權；議案之通過應佔全會代表所有的土地五分之四；但通常大多數的地主所代表的土地僅及五分之一；因此以會議中佔多數的人數操縱一切，壓迫其他（譯者按：議會中佔大多數的地主所代表的土地就全國地權而論是佔極小部份——五分之一，換言之，即少數地主左右全國土地。）

地主屢次呈送國會的請願書，都陳述圈地是對於地權人有利的，例如一七九五年比得福伯爵地（Comtede Bedford 因濱縣圈地事件的請願書中有云：『此處一教區中有錄田（Openfield）有公共荒野

(Commonfields)，有草地，有牧場，有曠野荒原及耕地，總共面積爲二千英畝；這種種色色的土地東一塊西一塊紛列雜陳，極不適宜，故阻礙耕作的進步；今者各種土地之所有權人及其收益者決定把此土地圈定，重新規劃，再行分配各種田場及田塊，依此例規定，所有權人仍然有其土地及權利。』此類請願書在紳士指揮下的國會，除非別個大地主及什一稅官（卽教會財產的代表——譯者註）表示反對外，大概皆容納的。但是此請願書亦經過許多困難始列成議案，維持此議案者自然都是富有的地主。

此外關於土地重劃及分配之實施是很精細的；國會中設一特種委員會由三人至七人組織之，委員人選雖由國會任命，但實際上概從請願人中指定（當時人皆承認者。）由是，委員會完全落在地主手裏，他們乃濫用權力，無所顧忌。錫格亦曾說過：『他們實行了專制主義，他們將手伸入於鄉村一切土地之間，好像一絕對專制的君主，一意孤行重劃及分配土地。』如此經過了很長期，他們的決定從未受過控訴。自一七七〇年以後，錫格已爲圈地贊成之一員，他主張委員會應由地主選舉，并對法庭負其責任。但一八〇一年始因圈地的訴訟案件，頒布了一普通法規：1.凡領主及其司務人如離開其土地三年以上者不得爲委員會之任何職員；2.委員會應接受及登記反對圈地的一切文件；3.凡受圈地損失者有向和平裁判法庭控告委員會之權。因此圈地委員會之職權稍受限制。

但同時如果在地主意見一致的場合，圈地的實施常不受國會的法定手續；這於貴族特別有利益處，蓋如此，彼可省免重大的訴頌費。在沒有大地主的地方，常常也有自由人自動的提議圈地；他們認爲廢除公共荒地，以協商分劃地產，各別營業，這是更爲有利。一八三六年國會爲圈地推行方便起見又立一法規，規定每鄉區地主有三分二以上的同意得任命鄉區圈地委員會的委員；若有八分七以上的一致意見則無須設委員會。故自一八三六年至一八四五年私人決定的圈地規條多於國會所頒布的法案。

圈劃的土地應分兩方面來說，一方面爲曠野荒地，另一方面爲耕作田地；後者實際上就是廢滅農村公地，前者之進行少受阻難，因爲把此等荒地開發耕作而一變爲生產地，又可在工作上添用許多人工，這是大家所歡迎的。所以在英國荒地廣大之北部及西部，圈地進行較任何地方爲速，其荒地從此都能生產了。

吾人寫述至此，有一重要問題在，即圈地的時間問題：換言之其運動何時開始？何時入於順境？何時爲最盛？

關於圈地條例，雖有一六九五年適用於蘇格蘭（Ecosse）之 General enclosure act「普通圈地條例，」但在一七二七年以前總很少實行，一七三〇年頃圈地才成一種趨勢；如梆洟斯（Edward Lawrence）著作的 The duty of a steward to his lord（一七二七出版）記載領主的管家受命趕緊擴張地產的經過，是其實例。故圈地運動實始於一七三〇年，一七六〇年後即入於順利之境；十八世紀末及十九世紀初爲最盛時期，一八一五年尤其是一八四五年後始稍和緩。關於此點，我人應該就國會所宣布的圈地規條的統計爲參考的材料。據其統計，在一八〇二年以前發佈的圈地條規爲最多，但自一八〇二年至一八一五年間就每年用百分比例看來亦非常之高。統計中關於荒地圈劃亦佔極重要地位，試看下表：

年期	圈地的案件	所圈地的總數(英畝)	每年平均圈地畝數
一七二七—一七六〇	五六	七四・五一八	二・一九三
一七六一—一七九二	二九二	四七八・二五九	一四・九四六
一七九三—一八〇一	一八二	二七三・八九一	三〇・四三二
一八〇二—一八一五	五六四	七三九・七四三	五二・八三九
一八一六—一八四五	二四四	一九九・三〇〇	六・六四三

十九世紀下半期。圈地事件已沉寂下去，因爲也沒有多大土地可以圈劃了。據交換什一稅的調查（伯爵地所辦的，）在那時候尙有九百零三個教區（佔英國全國教區約十分之一）未受圈地的，共有土地面積二六〇、〇〇〇英畝。但是這個數目未免誇張，此外，我人看見當十九世紀亦有圈地的事件，最明顯的如黑爾卑(Herbford)伯爵地仍進行着，該地的農村公社亦比其他地方維持爲長久。據斯拉特(Slater)所敍述，新近的圈地事件在烏比敦(Upton Saint-Leonards)地方，一八九九年始實行，因爲該處已於六十年前放棄四種輪迴的耕田法及休耕制，故沒有口實實施圈地，自爾克西(Berkshire)地方大部份的圈地事件是在十九世紀，蓋此其社會才漸漸改良。阿斯河爾姆島（Axholme）鄉村的公有地制至今仍然存在，但二十世紀後可以

說圈地已完全停止了。

第四節　圈地的結果及其關係

圈地的第一個結果就是把土地集中到大地主手裏。這完全因爲土地分配的方法上，使大地主常有因利乘便的機會，迫得農民不得不承認被指圈之地，故受損失者則爲農民。自由農亦失去農村公地的權利，蓋圈地後，此種公地已經分管了。固然，自由農亦曾分得一份利益，不過這僅僅以其所畜的羊羣之多少，比例的遺入於荒地的草場罷了。貴族階級囊括了大部份的荒地，現在貴族地產已成爲一廣大的企業農場了。又當圈地時自由農亦担負其費用，這是不可以忘記的，因爲此負擔實陷彼等於窮乏之境。且其生計的來源已絀，又失勇氣，多數農民已無能力居住其地；於是遂出賣其僅有的田產；買之者自是大地主或備預爲大地主者（富商，理財家，工業家。）再農民所有散亂於多處的零塊田地，亦被大地主集合於手裏；這從我人所知的各種事實中可以證明的。

圈地的第二個結果，就是農業經營方式的轉變。無疑的，因爲荒地及曠野的圈劃，墾殖地的面積擴大了。自一七〇二年至一八〇二年關於整理荒地及公共草地的圈劃案件凡五百七十七件；英格蘭及加爾(Galles)添增了八十萬英畝的耕地。荒地圈劃的運動發生於耕地圈劃之前，因此土地上如原有的耕地一樣劃分許多細小的農場，德萬西(Devonshire)是尤著者；按德萬西伯爵地的圈地最爲努力，荒地圈劃亦最早，當到了耕地圈劃的時候，其已圈定的草場已爲可耕地了。

但當圈劃耕地時，其所發生的情形則又適相反。卽大地主都願意以其所有的耕地改爲牧場，蓋因圈地之後築起籬笆，獸畜保管之便利固不待言且改變耕地爲牧場，其利益更明顯：如牛奶，奶油及牛羊的肉類等出產品，種類既多，而且更好贏利。

是故英國當時有兩種不同的運動，在北部爲荒地的繁殖，在南部則耕地改變爲牧場。後者運動比前者更爲緊張和普遍：自一七二七年至一七七四年間，有一〇九個教區圈劃荒地，二七三個教區圈劃耕地。於是遂卽影響於全國；而英國糧食從此有不足之處便因糧食生產的進步不能與人口的繁殖同其速率也。

畜牧或大農場經營所需的人工少於小農經營；所以他創議大牧場及大農莊的企業。大多數農學家都稱許大農場的經營，他們見到農業的進步比以前的小企業是要快的。例如楊格氏認爲勞動的分工——農業上的分工誠較不便於工業——只在大農業的經營下才有可能，楊格氏公然聲言自由農的土地，耕作方法是壞的，是向後退的；若大農場經營者，是更勇敢投下其資本，使他有充分的經驗和改進的企圖，使他有新的農器和耕作方法；在大農場賦稅的收入亦不斷的增加。

另一方面，農村現象中不特地權的數目減少，大部份的佃田亦消滅了。佃農階級或逃走或改業；有些小資本及能堅耐者尙勉強維持此時代的危機，否則只有流亡轉徙能了。

大農場經營成立後發生另一種現象，即其所要求的農業勞動者，屈農及田間所需的一切用人較少了。爲大農場經營的辯護者謂大經營之後更須多量的勞動者，這是錯誤的見解，事實很明顯的，例如田舍間的居民自圈地以來即遭排斥，根本理由是：1. 因爲大部份不能再如前一樣充作農村勞動者；2. 因爲他們所依賴爲樵採及畜牧的公地被大地主圈劃而席捲去了，他們已無生計了。他們的土房茅舍亦多已塌毀。固然，以前他們在公地上亦沒有地權的，但他們在事實上還得收益，而今不同了，所以他們都陷於可悲可憫之境。楊格氏亦承認：『在圈地的二十個教區中有十九區的貧民是遭災難的，這種情形是急須賑救的。』一七五七年圈地委員會曾頒布條例規定：『在教區內凡圈劃荒地，公共森林及草場者，應救濟其居民，付款賠償。』楊格氏主張應予田間居民以相當土地俾得飼養一母牛。山克雷(John Sinclair)謂養二母牛者該有土地二英畝半。當時與論頗贊同此議，於是遂議定保留田間居民之『三畝地及一母牛』(Three acres and a Cow)。事實上圈地條例中也有實行之者，但爲數極少，僅十分之一照此議定而已。大多數茅舍居民所僅有的財產，實際上是被剝奪了；一八〇八年農業部亦承認地方人士所述的茅舍居民已失去其歇墊了；某圈地委員對於受累的二千戶貧民所聲訴的案件置之不理，亦引爲遺憾。

這是千眞萬確的，圈地的結果促進了貧民的增加。貧民稅 Taxe des pauvres 的增加，就是鐵證。艾登(Eden)在所著的 The state of the poor 書中舉了許多例子，他證明貧民稅是隨着圈地進步而增加；一個教區的賦稅收入已倍於昔日，貧民稅却佔三分之一。

另一個結果卽農村人口的減少，一切檔案文件皆有此項證明，贊成圈地者如楊格亦猶反對圈地者之承認此種事實。一八〇八年農業部關於圈地的總報告中說明農村人口的減少及茅舍居民與佃農的被掠奪，幷引據一七七二年發表之匿名請願書題爲圈地的利弊册子裏所稱『土地的掠奪與人口的減少爲正比例。』總報告書幷編作一統計表如下：

每千英畝地之工作人	圈地以前	圈地以後
耕種上等作物者	二十戶	五戶
改良地	二十戶	十六戶又四分之一

農業部報告書所敍述圈地的結果，主要是根據牛津Oxford布金成（Buckingham），諾爾坦敦（Northampton），來沙斯特（Leicester）諸伯爵地的材料；舉出一模範教區，區內有上等的耕地一千英畝，改良地五百英畝，公共草地五百英畝；當圈地以前有三十家在此工作，圈地以後，僅十五家而已。又如上列四處，自一七六二年至一七七二年圈地案件凡一百二十六，依算則有九千人找不着生計，甚且地方上常沒有居民；卽新開拓地亦復如此。所以常有貴族地主及其若干佃戶和用人自住一鄉。來沙斯特伯爵說得好：『我是鄉土間的上賓，我吃我所有的鄉人。』

然而，這些失去土地的人口，被逐的佃農，家產被奪的田舍居民幹什麼去了？他們常常到未圈地的鄉區地方尋求工作，但不久也漸漸減少了。他們多數都逃往都市中希望做點工以賺生活。剛好這個時候，卽十八世紀末及十九世紀初是工業發展的時期，所以他們還有工作機會。一七九四年威日(John Wedge)的著作題名『瓦爾維伯爵地的農業』一書出版，告訴我人：該處圈地後的自由農都遷往比爾民咸 Birmingham 及阿凡特利(Coventry)去。官場文件，特別是一八〇六年的羊毛工業狀況調查所記載的事實亦完全相同。

移民羣中比較未被完全剝奪其產業，且比較勤儉及耐勞苦者尚能夠重興家業，而為一工業家或工場場主(大家知道彼爾(Peel)族就是自由農的後裔，此其明例。)但是大多數却淪為工人形成都市的無產階級。當時因為手工勞動的放棄，工資異常低落，此等無產者咸受極大的痛苦。

在另方面，工業的發展促進了圈地的進行，并吸收了農村的人口，這也是無疑的。都市人口的增加，實際上又增進地主的收入：蓋消費大大的激增，地主收入從此加多，且促其提高地租；所以地主更以獲利之豐再行囊括土地及改進其農場經營。還有一個直接影響，卽工業的集中及大工業的開展，結果又是把農村及家庭工業降落了，此種農村及家庭工業本來是可以供給農村勞動者的勉強生活，但農村人口減少之後，自然的受淘汰了。所以這兩種現象，彼此消長着。

英國農村社會是隨着經濟情形的改變，一樣深刻的。在圈地以前社會內層的區別是不甚明顯的。現在呢，農村勞動者和農業企業家，莊主已有天壤之別了；後者的地位一如紳士階級，生活提高了，自己有了一間適宜的房子并能使其兒女受自由教育。

據此看來，英國地制的演進與法國是大異其趣的。一個是廢棄了小農經營，成就農村土地的集中；一個仍然繼續其小農制，但法國亦有醞釀土地集中以代替小農的形勢，農民雖在自由的地位，但其所有土地日被剝奪，亦漸漸變成勞動階級了。

十八世紀末，英國以農業大企業佔優勢；從此，可以曉得英國地制中有若干部份與東歐相同的地方。但是，在英國，大地主不是他自己直接管理農場的；他委任給莊主；它沒有像普魯士之領主權制，所謂 Junker 者，但是至少在十九世紀大改革以前，英國地主在地方行政上是唯一負責者。他有廣大土地，故在政治上佔有優越的地位，但我人應更進一步注意：英國紳士初時還是利用政治上握有大權，才能夠收攬土地的。

第五章　愛爾蘭的地制

愛爾蘭的土地制度與英格蘭相類似，但因外來的侵掠，發生嚴重的變化，英國的貴族爲着自己的利益非常殘暴的剝奪愛爾蘭的地主。

愛爾蘭地制上有兩種明著的現象：一在未被英國征服以前爲其固有的地權制度；二在被英國侵略以後，侵掠者的殘暴與壓迫使其改變了原來面目。

第一節　英國的侵略

愛爾蘭地制上之克蘭制 Clan（譯者按 Clan 卽愛爾蘭之氏族共有制，各國文字的著作皆寫 Clan，不寫 Communauté irlandaise 蓋說到克蘭便知爲愛爾蘭之氏族共有制也。此猶俄國土地共有制之鄉村公社 Mir 一樣有人音譯爲密爾，有人意譯爲俄國農村公社。予以爲譯音較妥，不特省字且因其形式與內容均各有特質音譯自較切當。）經過長久期間沒有眞正的私有權，亦沒有狹義的封建制度。此種地權如果與另外一種堅固組織的制度相衝突時，其受損害當然很容易的。然克蘭地權之分配及個人私有土地的創立僅在十六紀時始行開始。

宗教改革以前英人卽欲殖民於愛爾蘭，蓋英人之野心亦已數百年了。英國宗教的改革，影響於愛爾蘭者，實愛爾蘭歷史重要之一部。夫愛爾蘭人本篤信天主教；欲其皈依新教，雖多番的努力，亦屬徒然。此其所以發生宗教戰爭；殊不知戰爭一啓，同化則愈難；於是暴力侵略的觀念生出來了。

英人為欲做成愛爾蘭的地主，用盡了許多手段與方法；他們當收買土地而起衝突時，遂以朝廷利益為名沒收之；已沒收的土地則分配與忠於英王的臣民。內戰以前，英人已甚多散佈於烏爾斯泰(Ulster)他們平白佔有土地，遂從此安居樂業。

當英國革命時代，愛爾蘭曾起叛變，但於一六五〇年及以後數年遂為克倫威爾的橫暴所壓抑。於是厲行土地沒收，有敢反抗者，格殺勿論，無數愛人尤其是烏爾斯泰地方人都被俘至西部及康挪(Connaught)慘受屠戮。從此種族的仇視被暴力鎮壓下去；但當時領有土地之克倫威爾的兵士及流氓在愛爾蘭境內猶不甚鞏固，故除烏爾斯泰外，愛人口仍衆多，散住各處。惟是土地所有權，已被英人囊括而去，事實上英人已為愛爾蘭的主人翁了。復辟以後，關於革命時期因犯罪而被沒收的土地雖曾退還一部份；但農民的實際狀況仍沒有多大的改善。對於當時所謂地主者，愛人已不啻為英人之佃農，幷負納租稅。英人在城市中是一切的操縱者，在政府中則為主人翁；又因排斥天主教徒之把持生產機關，故此一切工廠，一切織造業皆落在英人之手。

第二節　十八世紀初愛爾蘭的經濟狀況

此時愛爾蘭的人口或因宗教或因國籍，而有兩種不同：在新教方面，大部為英人，他們有政治勢力，幷佔有土地權；在天主教方面多數爲愛爾蘭人，在政治上是被征服者，在土地上是被剝奪者。但另有明顯事實，不可不知道的，即天主教中之大地主多已被誘而爲新教徒：自一七〇三年至一七八八年間有人計算凡四千個地主是皈依新教的。到了一八〇八年，在二十二個伯爵地中僅剩六十六個大地主是天主教徒，若其他五個伯爵地則一個也沒有了。

地主的產生幾乎全數由於沒收土地及侵掠。本地居民完全失去一切權利，鄉村間的公有地亦不存在。佔有土地的地主，同時即爲森林，荒地，潮地的主人。一切使用權皆屬於他，連在地上拾取薪炭亦須得他的許可。他握着地方上一切管理權。本地人不能經營工程，非與地主有利益的，不能開築道路，鄉區間沒有像英格蘭所設的濟難會；沒有貧民賑救法；沒有一個乞丐收容所。

然而，愛爾蘭佃戶一點也不像農奴；他是不附着於土地的。蓋在愛爾蘭封建制度不甚明顯；一六八八年後封建領主的特權已根本消滅。農民純粹是田莊的佃耕者；但是租佃契約所訂的條件是苛刻的，且比領主制下的租佃契約尤爲苛刻。佃農應負徭役義務，對地主及其家人須親身服役。再則，我們爲認識英人在愛爾蘭所行的兼併政策，其制度的內容固不特土地之囊括而已，那領主及其司理人之種種營私舞弊的事實，亦不能忘記的。

愛爾蘭是在大地主制度支配之下的，然而這並不是農業大企業。農產品是不在市場上出賣的，居民需要什麼，則彼此互相交換而已。大地主亦不在自己的田場服務。

地主間可區分爲三個階級：一、爲不在地的地主，他們住在英國，他們的土地總是租賃給佃田中的一個總包租者，租約是長期的（常爲九百九十九年。）所以佃田的總包租者是個眞正的地主。貴族，他僅簡單的對太上地主納租，常因中飽以致巨富；

二、爲住在所有地的紳士，大部份爲英國人。他們雖然生活於其所在地上，但他們實際上不從事工作；故地方上一切政權皆操之他們手中；

第三個階級可說是中小地主，領主司理人及牧畜企業家；他們是中間階級的代表，殘酷的剝削農民，他們多由此獲得富有且他們是眞正的資本主義者，應用活動的資本從事經營，但他們亦能夠陷於破產。

貴族地主的生活方式爲何？請試言之：他們佔着了廣大的華樓高廈及林園花圃；他們用了許多傭僕，迎賓款待，盡量揮霍。他們玩玩野獵，玩玩各種運動，也玩玩政治；他們充當和平仲裁會的官職，充當議會議員，所以他們領有薪俸爲他們自己及其家庭的消耗。他們常常沒有受過教育的，態度是粗鄙的。

領主的司理人是管理關於農場一切事務的，他訂立租佃契約，收受田租，他在農民與地主的中間操縱一切。他有助理人（Steward）專門經營不佃出而供自己家中需要的田場。又另設一種監督（Driver）專負責管理家畜，監守獵場，森林及漁夫等事。——又中間階級中應計及富農，他們的佃田是長期的；他們佔着最肥美的草場飼養其牛羊；他們是半紳士的佃農，是有閑階級，是真正的剝削者。

在愛爾蘭農業經營上是畜牧制度佔優勝的。最肥沃的土地都是畜牧的草場；其次肥沃者才耕種馬鈴薯及蕎麥。草場中幷包括大池沼及泥炭坑(Tourbiere)。此種制度固隨地方環境不同而有參差，但在西部畜牧是絕對佔優勝的。

大多數民衆是佃農田舍居民及雇農所構成，他們的財產被掠奪盡淨了。一部份在都市中團集以謀生活，其餘流散於各鄉村。

小農經營的佃戶其生產是薄弱的他們自己沒有資本地主亦沒有什麼供給他們。地主只交付田地於佃農，而收過度的田租(Rack rentes)，佃戶又要納什一稅於『英吉利教』的僧侶淸償天主教所保留的捐稅及國家田賦。除此以外，他們自己所餘留者已無幾了。

農村經濟因金融的缺乏感到極大痛苦；當時除烏爾斯泰外，市場上沒有一點金銀流通；貴族地主從農民中收入者亦少銀子，總之農民沒有貨幣以完納租稅。這是物品交換制度(Naturalwirtschaft)支配了農村經濟，這制度使農民對地主加重其服從性，因為現金的枯竭，使他不能離開耕地一步。——然而自十七世紀末至十八世紀初，農民的窮乏較之異日爲非農民時尤勝一籌。

第三節　愛爾蘭農民地位之嚴重

十八世紀中至十九時紀初，農民的地位眞實更壞了。此種嚴重情形的第一個原因，是因人口之急劇的增加。一六七二年據白武 Petty 意見謂愛爾蘭人口爲一、一〇〇、〇〇〇。當然這是約略的數目，但是，除非一世紀半以來疫病流行的時期外，其人口的增加總是超常的；一八二二年的人口調查，已增至六、七一二、〇〇〇人，又一八四五年的估量則爲八、二九五、〇〇〇人，依照土地的富源而論，如此人口是過度的：愛爾蘭地方有許多未耕作的土地及廣大的草地（草地佔八百五十萬畝，耕田才五百九十萬畝。）當時因消費的需要，亦僅有三分一的土地開始利用。

人口如此的增加使僅恃土地生活的社會發生更大的危險。都市工業的發展尚很幼稚，例如事實上足以證明者卽都市人口佔不甚重要的地位：一八四一年全人口八、一七五、〇〇〇中，都市居民僅六二二、〇〇〇，不過十三分之一。此時羊毛工業自十七世紀以來卽已發展，自在一六八八年革命後臻於繁盛。但是英國恐懼愛人的競爭，乃設法阻難其輸入於英，復長期禁止愛爾蘭羊毛物之向外輸出，羊毛工業自然受其打擊。若織造工業出產品之輸出當十八世紀中葉曾有起色（一七〇〇年的輸出額一四、〇〇〇鎊，一七五三年增至六五三、三六〇鎊）但是這種工業大抵只限於都市及新教發展之北部。鄉村中之家庭工業無甚進步，較之英格蘭本地相差，殆不可同日而語。

農業經營完全是小農形式，大部份的田場是所謂『一鍬之田』沒有用犂，更沒有犂車。在農舍後而有一畝或一畝半地的花園；再遠則爲若干畝的耕地；所種的爲一點蕎麥豆類，最多者是馬鈴薯；普通每農場亦僅毋牛一隻。佃農自己所食者爲馬鈴薯及牛乳，而將小牛及收穫的小麥出賣，佃農的人格就不過兩脚車而已。他納的田稅爲羊毛，雞，雞蛋，牛奶油，蔴線及織造物。諺云田場是永不會生產金錢的，故沒有以金錢納稅。

在此等小農場之外，亦有大經營的牧場（常在二千至一萬畝之間；）這是氣候所予的特惠。供屠宰的牛羊之販賣自一七〇〇至一七五二年倍估其重要，輸進於歐洲大陸及殖民地，因此英國於一六六六年禁止愛爾蘭的肉類入口；貴族地主極力獎勵牧畜業，禁止農民耕作草地；自一七三五年以來，什一稅僅徵及耕地，牧場的什一稅則已取消了。所以經營牧畜的完全佔了最肥沃的土地，而耕地則僅爲次等地，且限於北部諸伯爵管轄之瘠地。這種經營的結果就是把肥沃地區內的農民驅逐出去，又沒有給他們生活工作的機會；此愛國之志士如 Dobbs, Swift, Berkeley 等之所以悲憤者也。又因牧場業增加了地主的地租，使愛爾蘭終得維持其草場而不替。

另外又一結果爲麥產物出產的薄弱；且大部須向外輸出。此種輸出即爲付納地租於地主——英國貴族者。馬鈴薯收穫不良的時候，農民再無其他收入，於是遂成饑饉。故當十八世紀下半期曾有播種穀物的趨勢。其時英國已經於事實上停止麥子的輸出；小麥的價格急劇的高漲，當一七一五年至一七六五年時期，其價格爲三十四先令，自一七六五年至一七九〇年則爲四十五先令，一七九〇年至一八〇〇年遂五十四先令，如此可見一般。故此穀物耕種向杜比林（Dublin）鄰近之各伯爵地發展，愛爾蘭東部尤形普遍。於是穀物的輸出又大大的增加，如表：

自一七七二——一七七六	輸出一一二•〇〇〇噸
自一七八四——一七八八	四四九•〇〇〇
自一七九六——一八〇〇	五六五•〇〇〇
自一八〇四——一八〇八	六一六•〇〇〇

這穀物輸出的進步比獸畜的輸出尤爲可觀。

當時大農莊莊主的墾地殊爲重要。他們須要大量勞力的，但他們從來沒有以貨幣付給工資；凡在墾地上勞動者，莊主只給一小塊田地，於是勞動者遂變爲田舍居民。其所納的地租很重，至十九世紀初已增二倍，甚至三倍。

但是，耕作的方法還是原始時代式的，畜牧亦保護不週，且無獸房。其產出的奶油質地極壞。農場作物仍然以馬鈴薯爲主，所用的農器亦僅爲鍬鋤。肥料極感不足；這與法國布係丹一樣，多以苦藻充之；附近海濱之地始用潮泥。輪迴耕種制使土地疲竭：每四年（馬鈴薯，裸麥，蕎麥，馬鈴薯）或二年（馬鈴薯，蕎麥）輪迴一次。若土壤再無生殖力了，則行休耕。但因人口之逐漸增加，馬鈴薯及蕎麥則日益需要。

所以在農作上，牧畜業便被限制；但在他方面因爲草場已用以耕種，農莊又已劃開分管，結果就是牛乳與肥料的減少。另方面佃農的良好田地已被剝奪，他們只好就舊時潮地及山野間覓取田場。不良地的墾殖固已擴大。惟出產的增加無甚可觀。然而，在此等不良地，石山峻嶺附近及西部的山谷中，人口却偏偏最密。

出產品是隨各地情形而有不同。在北部，農場面積大抵爲四畝至五畝，用以付納地租者多爲苧，線及織造物；中部多種穀物，耕作方法普通取二圃輪迴制；在珂爾克（Cork）威克羅（Wicklow）蘭圻（Langford）諸地一部耕種，一部牧畜，其主要的出產品爲牛奶油；在西部以牧畜業佔優勢（羊牧業，出產品爲羊毛。）杜布林及基爾打（Kildare）附郊之牧場因饒有獸畜糞料，故土地最爲肥美，經營肥料的爲投機的商人，不是以農爲業的。

農場經營中可分爲幾種：一爲大牧場經營，才開始需要一小部工資勞動者；二爲大耕作經營，非工資勞動者不可；三爲中等經營，是無需要僱工的；四爲小農經營，它不能滿足耕作者的生活。五爲田舍居民的田場，他們的一所房屋及數塊田地是領主所給他們的工資；六爲專以工資爲活，居住在主人家裏，或在別家賃居，他們縱有一點田地亦必出佃於人。

小農經營是很廣大的：據牧畜稅檢查員的報告，七十萬戶中有十二萬戶是豁免賦稅的貧民；四十八萬四千戶各僅有母牛一頭，他們所有的土地常無甚價值的。大部佃農不能僅以耕種的出產品消償地租，而須另找貨品補足之。此種貨品就是出自他們紡線及織造的家庭工業；所以佃農常雇有一織造工人，給以小房間從事工作。關於工資勞動者的救濟，雖因土地細小劃割的關係而減少，但他們因土地不夠仍兼雇農，當其沒有工作做時，或在海濱從事於漁業及收取潮土，過了農事時期，或出外尋工，亦有暫時僑居於英格蘭者。總之他們尋找種種補助工作，無非為清償地租之故。

第四節　土地租佃方式

土地租佃形式中得區別：第一種形式為臨時佃田；第二種為訂定連佃三代，滿期後重新換約的佃田；第三種為短期佃田，佃約在三年以上，此最為通行者。地主對於愈短期的租佃，愈有利益，因為他可以提出加租的要求，并可減少佃戶欠租的憂慮。最後還有一年租佃的田場使佃戶無法改善土壤；但是縱然佃戶毫無欠租，撤佃仍然容易的，因為地主想佔得其田地改良的便宜，撤佃之後又並無賠償改良費；不過烏爾斯泰地方卻是一個例外，蓋該處習例如果佃戶能償清地租，地主不能夠撤佃的。像這樣租佃的變化不定，事實上就是指明愛爾蘭沒有長期租佃制，并且愛人亦不喜歡長期租佃。

間常有數百畝地的大田場賃佃給許多農戶，這就所謂混佃(Rundall)制度，混佃的佃戶對清償地租負共同連帶責任，共同耕作許多零散細小的公地及公共草場。

尚有雇農佃入所謂等畝地(Con-acre)的田場以博一二次的收穫，但此種佃田是沒有佃約的，自十九世紀以來，田租增加了，且常被預收。最後，還有那些田舍居民，賃住茅屋，其賃期以工作期間爲限。

愛爾蘭的農村勞動者至乘當十九世紀初貧民救濟法施行的時候，計有一・一三一・〇〇〇人，工作的土地共一千四百五十萬畝，比之英國，一・〇五五・〇〇〇勞動者工作三千四百萬畝，相形之下，實在太少了。其工資每日八個半便士，每禮拜二先令六便士，且其中有五八五・〇〇〇人在一年內常要失業三十個禮拜以上。

雇農的生活是可憐的：『在許多縣區裏，馬鈴薯是他們唯一的食物；清水是唯一的飲料；他們僅有一床或一被且極少完好的。』但是佃農的食住却比較稍爲豐足。關於作物種類與生活的關係是很密切的，蓄養八口之家，種馬鈴薯者有一畝之地爲已足，如種小麥則須四畝了，因牧場的範圍日就縮小，牛乳等物漸漸缺乏，他們的食物亦僅限於馬鈴薯而已。當嚴寒時候，他們已無財力買入炭木，只能燒坭炭禦寒。

愛爾蘭大部份農民已成爲無產者了。當物價高貴的時候，租種之田茅舍及等畝地（Conacres）隨之增加。但是物價跌落時，把持租佃間的富農却借題辭退佃戶，地主雖有減租，亦被中間階級中飽乾淨，佃戶的納租仍然依照佃約，一點也沒便宜。貴族地主曾竭力使零散細小的田塊合併起來，叫做Consoliudation（譯者按此爲統一及鞏固地權之意）使一十七萬二千的農場減縮一萬四千，此所以令大部人口陷於饑餓。新的農場已改換爲十畝至二十五畝，然此時只是造成一小部的中農階級，而小農場的經營仍佔優勢。同時因爲地主壓次試驗更換新式農場，使地力受了不少的消耗。

佃農漸漸降為茅舍居人；雇農亦再找不着工作機會。撤佃事件亦日益增多，於是發生土地的騷亂，尤其在佃戶之間。

移居流徙從此開始：計自一八三一年至一八四一年間凡二十一萬五千人；移居英格蘭以尋工作者亦復不少（一八四一年往英者五萬七千人）且因收穫之不良，發生不斷的恐慌：如一八三一年，一八三五年至一八三七年，一八三九年，尤為顯著。一八四五年馬鈴薯收成大減，及一八四六年之歲歉，遂演成飢荒及極殘酷的慘劇，特別在西部，死亡枕藉，慘不忍聞。因是，流徙及死亡的結果，愛爾蘭人口大為減少，一八五三年的統計僅不過六・一九八・〇〇〇的居民而已。

撤佃及統一地權頻頻之結果，農場數目之減少乃當然之事。一八四一年計有八二五・〇〇〇，一八五一年則僅六〇八・〇〇〇而已。十五畝以下的農場減至三七九・〇〇〇，三十畝以上者則增至一六二・〇〇〇。也有許多地主因無能力而破產了：計有七分一的土地改變了其主人。

我人遍觀歐洲各國地制演變的結果，可以說未有如愛爾蘭之慘酷者。十九世紀中葉，土地仍然不斷概棄；且因調查的錯誤，農村勞動者完全失去其保障，一直至十九世紀末土地改革時，愛爾蘭的經濟狀況始稍稍改善。

第五節　蘇格蘭的地制

在蘇格蘭亦有徵收佃農土地的事件。蓋許久以來，克蘭 Clan 是土地所有權者。數百年間雖曾欲破壞之都屬無效。一七一五年政府始用強力干涉，一七四五年克蘭制乃完全廢除。

但是將徵收的土地不是分配於克蘭的會員，而只給與其頭目 Chieftains。克蘭廢除了，克蘭的頭目却在倫敦過其一部優裕的生活，幾乎等於特殊的貴族，所以他們享受一部份的稅收，對舊日的克蘭會員一若是他們的佃農，向之徵收田租，并改變租佃制為定期佃戶，但此時，佃農的生活的方式殊少變動，山鄉僻壤的居民仍然繼續使用公共的牧場。

但是，人口增加了；一七六〇年統計有二三〇、〇〇〇人；土地已開始缺乏了。羊畜業因此非常的衰落。於是羊畜業者（Sheepfarmers）為買好地主，自願倍納耕作佃農的地租，撤田事件乃從此始。小農場的佃戶（Crofters）遂被迫移住海濱，羣聚而居，經之營之，差強過日。但不久因人口的增加及公共草場被地主所橫奪，土地遂感不足，生活又起恐慌了。

地主又常把羊畜牧場及公共草地改變為獵地，獵地的租出極貴，計二倍於羊畜牧場，四倍於耕作地。因此威脅了小農場的佃農。且小農場的佃農本以馬鈴薯為生活的加之一八四七年的飢荒，使他們遭受大大的災難。雖然也有許多向加拿大及奧大利亞移民，但生計仍日陷於不可能之境。農村騷亂從此開始：幾次大事件尤其是一八八一年，那些佃民的叛變，竟用武力奪取其已失去的土地。卒引起政府改良現狀的注意，一八八三年遂任命組織小佃戶委員會(Corfters Commission)，準備土地改革。

第六章　東歐諸國地制的概況

本章所研究者，爲與西部不同之東部諸國地制的各種形態。東部諸國之地制固然有根本的差異者。但此所謂西部與東部，其界限的劃分，殊難找絕對的標準以爲明確指定。茲爲研究方便起見，姑以愛爾帕 Elbe 河作東西的境界。

此東部不同的地制，原於何種條件而發展？又原於何種條件而演進？是爲吾人所當研究者。

請先敍述其沿革。東部地制之起源，乃較近之事，始於近世紀的初期，而繼續於十九世紀，其演進程序，與法國及德國西部者異其趣。

東部地制的要素，就是貴族大地產的建立，每一大地產各爲其整個的集附貴族地主(Gusherr)之主要的收入，亦由大地產之經營而來。這與法國貴族領主專依封建特權收入之組織，根本不同。反之與英國則相類似，蓋英國亦實行貴族土地兼併政策，農民土地概被擯奪，農場經營集中於少數人之手。惟在英國國度裏，農民的人格是完全自由的；地主絕不要他們來服無償的勞役；故其農村社會不過構成一工資勞動階級。凡其經營的事務皆委之於莊主(Farmier)及竭力限制手工勞動。雖然普魯士廢除農奴制以來，農村勞動亦爲工資工人；但它却有中間的間歇期(State intermectiaire)所以又與英國不完全相同。

因此東北歐一帶土地集中的演進與英國又是完全兩件事，其進行是較遲緩的。初時領主的土地(Grundherrschaft)變爲武士的土地(Gutsherrschaft)。騎士已失去中世紀戰爭時的本來面目，而爲土地的騎士了。(譯者按所謂土地的騎士就是土地的貴族，以下指的貴族土地就是 Gutsherrschaft)

這種轉變，就是受近世紀大戰爭的影響。蓋中古世紀以後在波希米(Bohême)有胡斯黨(Hussites)的戰爭；在德國有三十年戰爭。在波羅的海附近有十六世紀下半期，十七世紀初期及中葉，及十八世紀初期的北方戰爭。許多戰爭的結果，地方被蹂躪殆盡，農場都被捨棄了。另一方面，事實上已明白顯示出來：許多農場都歸併於地主的大地產內；農民的佔有地變成極不確實，容易被人撤佃，并使農民對地主的奴屬關係更爲深切。

貴族大地產的發展，使貴族地主漸漸需要勞動，因此徭役增加，并漸漸成爲強迫性。爲着保證勞力工作，農民奴隸性(Unterthänigkeit)之加緊是必要的；於是農民乃附着於土地；非得地主的許可，不得離開田場，亦不得結婚并創立一種 Gesindedienst 新制，這就是說：凡奴屬的農民，其兒子必須供無償的服役。

我人應注意此種奴屬是擯在獨立權及取得權之外，最重要的：1. 沒有經濟的地位，卽沒有土地而稍之佔有；2. 沒有法律的地位，卽沒有所有權的取得；3. 對地主完全是奴屬地位。

然而，這倒非眞正對人的農奴制；在法律上，奴屬的人格是自由的；他保留處置其所有的動產權之自由。惟在波羅的海路地，如何爾斯坦(Holstein)波美拉尼(Pomeranie)脫地，墨克藍保(Mecklembourg)

尤其在立宛尼(Livonie)領主有處分其奴屬的自由，可以把他們販賣如古代奴隸一樣，如所有物一樣，但這却是極特別的例外，且非經濟的原因；而是由於騎士專橫故作威勢及其瘋狂的緣故，故在國家權力管轄不及，貴族濫用權威的地方爲甚。

爲什麼此種制度發生於愛爾帕河之東？考其原因，第一因爲德國人曾在此地征服斯拉夫種人，開墾未耕作或荒廢的土地。這一個理由更足說明普魯士專制國，立宛爾及奧大利內斯拉夫種的地方，故在這些地方，應該注意領主都是屬於侵掠種族，所以在領主管地之內，領主與屬民，語言不同，種族不同，文化不同。但有些地方如波蘭者則不能以此理由一概論之。

此外另有兩種理由應說明者：

一爲貴族在政治上權力的偉大。貴族有絕大的政權支配各諸侯國，我人可以看當時地方行政上對於農民奴隸制度權力之大或小一隨貴族勢力之大小；故在貴族得販賣人民之波羅的海各地，東奧地利諸國，尤其在波蘭諸國，貴族階級是最猖獗的。在皇室權力稍強大的地方，貴族的勢力則較斂跡；按皇權之所以壓抑貴族勢力者，蓋不外爲財政的收入，欲使地方上的生產力增加罷了。

另一理由乃受經濟的關係。凡有農產品尤其是麥子輸出的地方，及能夠供給國際貿易的出產地，貴族却竭力的促使其農場經營的進步，以獨佔商業的地位。這種場合在波羅的海諸地可以看見。蓋南部諸國所需要的麥子皆仰給英法尤其波羅的海諸地的輸入。幾個重要的海口亦足以說明此種經濟關係：最初如斯德丹(Stettin)，十七世紀下半期，斯德丹衰落之後則為漢堡（Hamburg）十七世紀末，漢堡失勢，則爲但澤（Dantzig 及里卡 (Riga) 以上各市埠都位於航行便利的港口上；而當時江河又為交通上唯一便利者。故各市埠皆為輸出麥子的國際市場，雖然這比較其他貨品不算大宗，但其商業是經常的，因爲到處都需要食料的。貴族階級握有商業大權，其勢自然更是膨脹了。

此種商業最初操在漢斯人(Hanse)手裏，迨漢斯衰落，荷蘭乘之而興，遂為荷蘭人所壟斷，終十七及十八世紀沒有與荷蘭人競爭之者；故輸運麥子於南歐皆為荷人所獨佔，比利時之布魯日（Bruges），繼之安威斯(Anvers) 再後為安斯地丹(Amstedam)，都是大港口。此時荷蘭人對於波羅的海輸出的麥子，獸畜，木材等尤注意於印度的貿易。按波羅的海輸出此農產品許久以來皆出產於東北部之太平原及波蘭，十六世紀時出於丹麥，至十七世紀尤其是十八世紀則出于俄羅斯。不特西班牙，意大利，即瑞典，法國及十八世紀末的英國，皆需要北歐輸出的麥子。

當十八世紀，這種貿易現象是沒有停止的：康尼斯貝(Konigsberg) 的商業尤為進步：計一七五〇年的裝備凡二四・九〇〇次；一七八三年為五四・二〇〇次；一七八四年爲五三・二四三次。在西歐每經一次歲歉，則波蘭的麥子與獸畜之輸出有一次的增加。但波蘭實際上沒有促成經濟的進步，農場經營是十分忽略的，且純粹是粗放的，然而爲甚麼有大宗農產品輸出？蓋貴族有絕大勢力，有自行輸出麥子之權，他們把下等麥子留給農民作爲食料，而強將上等麥子輸出國外，縱有飢饉之來，亦所不顧。無論收成好壞，貴族總是運送麥子及木材到但澤販賣，再買回個衣物及奢侈品來；一五三二年禁止的輸出品，亦已完全開放了。那貴族把麥子賤價賣出，又把奢侈品高價買入。於是他們從中取利，但澤的商人及荷蘭人亦以此致富；這就可以了解荷蘭的三級會議（Etats-généraux）爲甚麼要保護但澤爲自由市了。在立宛尼與波蘭的情形相同，里卡市場上的現象亦和但澤一樣。

在丹麥，因羣島出產小麥，及于德蘭（Jutland）和西爾斯威（Schleswig）兩地出產蕎麥頗爲富饒，於十七十八世紀均有麥子輸出。地主則以其佔有三分二之耕地，關于麥子的一切立法，皆視其自己的利益爲依歸。一七三五年的法律允許丹麥，挪威及各伯爵地輸出麥子，並承認各伯爵地輸入穀物，惟在丹麥則禁止之。在挪威麥子最感缺乏，專靠丹麥爲主要的購入。丹麥的貴族因以獲利至豐，尤其是當收成不好，地方發生飢荒的時候，他更可壟斷。禁止麥子入口的立法於一七七〇年至一七七四年曾被斯特路益施（Struensée）所攻擊而一時失效，當這個時期，丹麥亦許麥子自由輸入。但一七八八年又復施行禁令，又自一七五〇年以後，俄國亦接着有大宗的麥子輸出。

這種巨量麥子的貿易，彷彿由於貴族地主在經濟上增加大企業經營，及其握有輸出自由權的結果。所以他們亦漸感到大量勞動的需要，好像工業時代資本家需要勞動力製造工業品以資輸出一樣。但是，地制結構決不是促進麥子貿易之唯一發動力，蓋在奧地利帝國，地制結構亦相類似，而經濟情況則完全殊異，此可以做一個反證，那麼，這應該顧及我們所敘述的其他的條件了。

第七章　薩克斯選區及普魯士君主國的地制

愛爾帕河差不多是東西歐兩種地制的界限，但還不是一條絕對嚴整的分線。有些地方正位於愛爾帕河的比鄰者，構成一種居於兩種地制組織間的折衷形態，例如薩克斯選區（Saxe-Electoral）就是呈現這特殊的關係的。

第一節　薩克斯的奴役制

由於習俗上三圃制的農場之組織，由於農民保有土地之制度，由於鄉村共有土地之存在，薩克斯的地制甚像前章所述德國西部的地制，但是因貴族領主土地之推廣而演變為大領地(Gutsherrschaft)的場合，我人看見這種趨勢已形成東部諸國的一特殊結構，即強迫賤民兒童服役制（Gesindezwangsdienst）青年人必須為義務服役是也。

這種創制是漸近發生的：當十六世紀還未曾有那時候，地租及領主特權稅幾乎是常常確定的，且多已改為貨幣繳納。惟在三十年戰爭後，此義務服役制始建立鞏固。無疑的戰爭對此轉變是不能無影響的，雖然在薩克斯所受戰爭的災刦要比其他地方為輕。但是戰爭之後，貴族領主的管領地是增大的，結果就是勞動更為需要。因此，一六五一年的奴役整理條例(Gesindeordnung)中說明：勞動者應傭役一年，其工作約書應在期前四個月宣布：凡傭役者非得領主的允許，不得離開所在地方；傭役者的兒子在未完了領主的僕務以前，禁止傭於他人；如有欲傭役於外處者，應先對領主服務二年等等。十七世紀下半期又爲領主利益修正服役法制；如一六六一年的整理法，是爲明例。

在這同一時期，政府幷欲限制家庭工業以增加徭役。因爲徭役的需要日甚一日，例如在羅休南（Lohunen）領地的公所（Amt）當一六五〇年應供給一千零四天的運車役及三千零二十四天的手工徭役者，一七二〇年，前者須一千三百二十六天，後者則須三千四百六十三天。且領主擴充強迫服役（Zwangsdienst）期，往往不止二年；這是一種剝奪，使農民感受絕大痛苦。不平等待遇亦是此制度的特徵：例如富農得以金錢收買，以豁免其兒子的義務服役，於是役務的責任又加在貧農身上——但一七三五年的整理條例卻指定對領主的各項義務，幷宣布凡農民如果不需要兒子在自己農場工作時，便應到領主家充當奴僕役務。同時因爲似之高漲，該整理條例又提高了工資，故當僕奴役似已漸進改善。

七年戰爭使薩克斯受了大破壞的痛苦，深切的影響到地制上去：手工勞動缺乏了；自由勞動者的工資增加了；然而奴僕的工資則在貴族簿籍上訂定的，一點不能更變。

工業的發展與地制的關係亦不能忽略的，它推動農村勞動者移徙到工業中心地去。因此貴族地主竭謀限制移徙權，強迫領管地內居民的兒子充作家僕服役，不許操作任何手藝（如紡線，）以妨礙領主的權利，任何情形之下不許提高工資；他們宣稱這是他們的特權。在另方面，都市中人及大學學院却對諸侯宣言贈予農民以自由並說明：如果反對農民的兒子接近工廠，這是工業的大不幸。但政府仍然順從貴族地主的意願，一七六六年又規定服役期限爲四年。同時，即一七六四年至一七七六年，貴族地主復採用一種防衛方法；主張工商業僅能在都市區域，在鄉村則應限制之；於是禁止鄉村負販，非向鄉村乞情絕不允許；非得特別許可者，不得在鄉村中設立工廠及製造廠；凡十四歲的兒童不能離開薩克斯，並須在田間服役，若能力不夠或疾病須經醫生檢驗證明方得豁免工作；至於服役期完了，進入工藝廠後，無論誰皆有自由，但須經過四年的學徒。一七六九年的整理條例很少採納此種方法，但維持一定的原則，即貴族領主當房屋及農場經營不需要時候，再不得有農僕的服役；同時並確定童僕服役的工資數額比一七三五年所訂的稍高，然此增加的工資，當時仍不及物價高漲的比例。

此時改革的聲浪，已在薩克斯開始，而一天一天的高漲了。改革聲中的焦點，農業之無進步爲最大問題；若三圃制之存在，即最肥沃之地亦守此舊規；若愛士日比埃日（Erzgebierge）山地，小麥耕作一連三年之後則須任其土地荒廢，繼續休息凡十年之久。且到處尙實行強迫地段之分劃（Flurgwang）及保留公共荒蕪草場。這一切都急需設法補救。牧畜業固然有進步，但是農民所畜的牛羊則被限一定數目，遣進一定的草場，而領主則可無限制的使用。在另方面，荒蕪的草場是防礙農業的進步的；其已開始利用者亦指定某時期耕作一定的穀物。這都是農業上的大問題。至於農民方面，因貴族地主很少自己耕作，使農民加受富農一重殘酷的虐待；他們要清償地租負担徭役政府又加以苛重的田賦。因此他們的收穫常常入不敷出，而不斷的借債，這也是改革問題的中心。

當時的經濟學家亦提出改革，如賴派濟 Leipzig 大學教授，黎士克(Leske)及克里非(Kleefeld)是尤著者。克氏於一七八三年發表一文攻擊休耕及荒蕪草場之非是。一七六四年在賴派濟成立的經濟學會亦痛詆農奴制及奴僕服役制。但是這些議論實際上一點沒有效果；政府雖開始注意農業問題，亦並沒有根本改革的意見。一七九〇年大凶歉之後，向來最富饒的農村亦發生大騷亂，雖經安撫平定下去，而自那時候起社會已感到大大的不安了。政府乃組織一調查委員會：調查的結果，承認農民飼養牲畜的困難；并收錄奴僕服役的種種訴苦的材料；證明僕役的工資過低，營養太壞。於是委員會乃提示廢除那些特權；主張限制領主的裁判權并取締其濫用權，增加童僕的工資，減少徭役。但因諸侯的反對，這個擬議終被擱置了；一直至一八三五年工業已經大發展了，因經濟上的需要，始迫得不能不實行改革。

第二節　普魯士君主國的大領地

現在我們已把握住東歐地制的研究中心了。其給我們的第一個例子就是構成普魯士君主國的各個地方之地權制度。

普魯士地制的特徵，中古時尚未發現，其發展乃始自十六世紀，其特徵的程度深淺亦隨地方情形而有差別，蓋其發展的歧異乃因環境關係而決定，如布蘭德堡（Brandebourg）所具之特徵較東普魯士爲少，是其明例。

那些地方本係斯拉夫種人所居住，後爲德人殖民者。初時布蘭德堡侯（Margrave）在若干範圍內是唯一的地主；在地方上與自由的殖民及騎士（Ritter）均同時斷絕關係。蓋騎士的地產是不很廣大的，在農民上取得的權利亦甚微小。他們日在備兵秣馬，從事戰爭，再無餘力經營其自己的管地，故貴族土地還沒有形成。

到了十五世紀末，胡西黨 Hussistes 戰爭之後，這是一個轉變時期了；所謂騎士已不是戰爭的騎士，而是職業兵了，他們從此遂變成眞正的地主，并在他們的管地想盡方法開展生產的來源。然而他們怎樣達到其目的的呢？

（一）用收買方法在農民土地上發展其領地；

（二）企謀將農民傳襲的佔有地改變爲短期及不定的佔有地；

（三）增加屬民服役的誅求，使之漸漸成爲下等的奴僕 Unterthanen。

他們用種種手段擴充其領地的面積，最初還用收買方法，當農戶或因死亡，或因遷徙，或因無力經營其土地，如是他們買收其田產。迨三十年戰爭以後，許多田地都荒廢了，使這種轉變更爲急速。領主利用這個機會遂用兩種方法吸收土地：或者把許多荒地歸併他自己的管地內，那時候這些土地是豁免一切賦稅的；或者把新來耕種者斬斷其傳襲名義的佔有而替以終身佃田（Lassgüter;lassiten）即永佃的形式。然而這方法倒與農民以方便：蓋大多數農民沒有資本買入田地，他們只得佃賃而耕；且尤利便者，田場上不是空無一物，常附有房屋及必要的用品；此在領主管地的地誌及戶籍簿上有許多例子。當時許多農民都寧願放棄其廢壞的田地，另行佃入設備較完善的農場，或者雖保留其舊有者，而又租入新佃田（譯者註：即終身佃田。）所以在戰爭損失稍輕之地如阿爾特馬克（Altmark）終身佃田則較稀少。這恰恰是個反證。

終身佃農Lassite者即終其一生佔有佃田之謂；但當其死亡時，領主得收回田場的佔有權；不過在事實上仍多由其兒子中一人繼佃，惟嚴格的限於一個兒子，不能分析，如傳襲的佃田一樣。然而領主總是有權選擇新的佃耕者，并保護田場不得出賣或典押。再則，田場已經佃戶改良，領主收回時，亦不負賠償責任。所以此終身佃業及其佃戶，即不啻是地主的附屬品。

從此以後，特別在十八世紀時又有新的趨勢；地主想把此種終身永佃制改為更不定期的，於是有適用短佃制者（三年，四年，八年或九年。）

以上所述的各種現象，當然發生兩種結果：第一、地主更容易吸收農民的土地；第二、佃農的附屬關係更加接緊，地主得增多要求農民的服務，使他們變為下等的奴民。

當時人們都以爲增加徭役就是增加重要資本之收入，蓋其所行使者乃依照田場的情形或車役或傭役，總好像投去的資本故徭役極其普遍且常是無限制的，與三十年戰爭以前的情形一樣。我人從農民訴狀書中可以看見徭役是怎麼樣的伸展：最初地主要求農民自願的服役，地主供給飲食各物，久之，飲食物的供給日少，或者一點也沒有了，從此地主就以爲農民對他服役就是權利義務的關係了。最通常者，還是農民自己放任的去做，如果他要解除此種服役，只有在領主死去的時候。

三十年戰爭以後，徭役的擴展是很明顯的到了人們發生了不忍之心覺得徭役的無限制性質有不妥，於是當農事時期，有人提出改善徭役，即每禮拜應放棄一二天，使佃農爲自己工作。然而固定的徭役猶常常改變爲無限制徭役。即已固定者，其徵於農民每禮拜亦有二天或三天。

童僕服役亦變爲農民之必要的義務，農民的兒子必須有一個時候在其主人的家裏服役一次。布蘭登堡侯以貴族在邦會議(Landtag)中握有大權，需要依賴其勢力，乃不得不任其設施。一五一八年邦議會更予此制在法律上的權力；一五三八年又禁令農民非得領主的允許不能避居於都市。總之，十六七世紀中，法律宣布保障這些特權實不知若干次。三十年戰爭之後，環境迫得農民更加緊的奴服於新的義務。如一七六九年的繼理條例，規定農民的兒子如果另習工藝，必須得主人的允許，凡主人在其習工藝以前得再延長其在家義務服役的期限，當時雖曾有主張確定童役期三年，幷規定此少年人服役的工資者，然事實上沒有實現。弗來笛里克居阮姆(Frédéric-Guillaume)也好，弗來笛里克二世(FrédéricII)也好，雖然他們都是有權威的賢王，亦不能廢除此奴役制，故此制一直延續至十九世紀。

這些過程中其歸宿就是把自由毀滅了。領主因需要其屬民的勞力，乃阻擋他們的移徙，拒絕他們不經允許而放棄田場幷限制他們如果要離開其領地時，必須覓人替代。這種種義務的總和就成就了所謂賤民奴役制。(Unterthänikeit)

至於對人的奴役(Leibeigenschaft)僅存在於烏克爾馬克(Uckermark)及紐馬克(Neumark)；這是從下等奴役及不定期佃耕混合而生。農奴(Leibeigene)不能離開其財產，非納婚稅(Abzugogeld, loskaufgeld)亦不得結婚；縱使領主不需要兒童服役的時候，也應該得其承認然後才能離開領主區。這種奴役制不特強迫農民履行佃耕者事物的義務，且及於其身體。不過如此場合乃一例外而已。

反之，殘民奴役制是極普遍的；惟自由農民始不受其拘束。此自由農民者，佃有領地內的土地(Bauer lehen)與領主僅有主人附庸的關係，故有此等自由農是真正的農民貴族。

此外，各處農民每因其佔佃的面積之大小而分別為幾種：有半田莊(Höfe)者為半農夫，有三分一或四分一的田莊者為三分一或四分一的農夫。其餘則僅有一房屋及數塊小田者，(是即小農Hausler)或者他們用一種方法使得居住於領主自有的領地內，此種現象特別在十九世紀時尤為發展。

第三節　農地經營

佔農場經營的優勢者爲三圃制(Dreifeldwirtschaft)地段的分劃是必要的。大部份土地是遵行此制，惟有一種田場叫做小農田（Kossäten）者乃屬例外。

所有土地都是受領主的莊舍所支配，其田莊上有大建築（如打麥房，積穀倉，獸棚等）這是一個大企業。此大企業在大領地內者領主常常分莊(Vorwerke)管理耕作地佔很大部份，但不能構成一個大整塊；蓋與農民的田地相混雜間隔之故。森林是屬于領主的，農民僅不過有一定的收益權，惟其如此，所以領主常欲限制其使用。荒地的使用，領主亦常佔便宜。

將近十八世紀末，曾有致力把領主的土地湊合爲一大整塊的運動：圈地一類的事件亦有發生，這是傾向土地集中的趨勢。大地主爲欲耕種其土地，是需要其奴隸及居民的勞力；的因爲他同時又是執有裁判權的領主(Gerichtsherr)，乃強徵百姓爲他服役。又當注意者，在普魯士君主國沒有像德國西部的自治村，沒有鄉區的法庭，居民亦沒有像領主一樣選舉代表參加鄉村行政，鄉村所有的警察及地方政權完全屬於地主貴族的手裏。

第四節　巴斯西勒齊 Basse-Silésie 的地制

普魯士君主國內的地制不是完全一致的。

巴斯西勒齊是普魯士的一邦，其地制就是與別邦不相同，溯其演進的異趣，於一七六三年始行確定。該邦內領主所有的土地比之東部各邦要算是不甚廣大，有千畝 Morgen 者就認為大地主了；且農民自成一村的村數亦比領主的領地為多（前者：三、九六四，後者二、三八八。）

巴斯西勒齊的農民好像是土地的所有權者；他們能夠把土地讓渡，幷有交換支配和出賣的權利；其地產是傳襲的，只是不能分拆。真正的終身佃田是不存在的；我們知道終身佃田原來是三十年戰爭的結果，巴斯西勒齊受這戰爭的影響很小，故沒有這種佃制。同時佔有權 (Droit de possession) 之保留，使農民的土地得有力的保證。

巴斯西勒齊的農民對領主也負徭役的責任，但每禮拜僅不過兩天或一天半。這個理由是因為領主的田地不大，農民的數目又很多，徭役方法有兩輪車子的農民，則應該擔任車役，特別在收獲的時候須負運輸穀物的責任，其車子亦常由領主供給。至於臂力的徭役，則由另一階級之田圃雇工 (Dreschgartner) 充當。

田圃雇工是屬於領地的農村勞動者，僅散佈於德國人的縣份裏及農場大企業的地方。此等工人自己也有一小塊田地，其田地上有一座房子和三四畝地的大花園，所以他們與小農夫很相類似，蓋他們都沒有足夠以維持生活的土地，且同是租屋而居者，不過有一點區別，就是田圃工人是田地的所有權者。

如果地主是自己耕種穀物的，當收穫時候，田圃雇工則應偕其妻及一女僕為他服務而分其一部收穫物

（十分之一，十一分之一或十二分之一不等。）冬季時候地主亦招僱此等工人打穀，打得之穀亦分一部以作工資（十五分之一，十六之一或十八分之一。）若做其他工作則給傭金。倘有新來的田圃雇工受僱傭時必須得鄉村公共的許可，否則便被斥逐；若一鄉村間工人人數不夠，領主得僱其他勞動者，其工資是由田圃雇工付給的。按這等工人的生活很是貧苦，不過，至少他們不致有明日斷炊之憂。

從這樣看起來，在巴斯西勒齊實爲一中間地帶，因爲就某種情況之下，這是純爲一簡單的殖民地方。領主的管地已形成了一整塊，地權與裁判權又混合在一起，的確這是一個大領地的制度；所以地主是需要農村勞動者。但是，舊式的土地制度仍然佔了一大部，農民有他們傳襲的土地，且因人口的繁殖，徭役的徵募是不甚普重的；甚至必是指定的勞動者才得工作。此巴斯西勒齊所以與盛行賤民服役制的阿特西勒齊（Haute-Silisie）南轅北轍也。

第五節　君權私地內的地制

普魯士君權直接管地是很廣大的，計佔有全國土地面積的四分之一。國王曾努力改善農民的地位，在其直接管地內，政府更得強制施行改革；所以自十七世紀以來就已準備十九世紀農民解放的事業。

普魯士的歷代君主都是無定見的，利用土地的決心常勝於人道的同情，蓋普魯士國家無論君權直接管地或全國普遍情形，尤其是東部，土地的生產仍極薄弱（東普魯士及波蘭部份）故在此地曾喚起一切工作注意於開墾；同時處處農民好像自由勞動者備被征以極輕的勞役，總之，朝廷皆竭力使農業上益善益美，尤其在君權直接管地。弗來笛里克居阮姆王第一，居於地主的地位，尋求增加富源之道，幷爲着統一租佃制的方式起見，努力的把傳襲的佃田都改爲不定期的佃田。關於排水法，耕作法，播種法，他都發佈了許多極詳細縝密的規條。這分明是爲農業的利益，而不是爲農民的利益。

弗來笛里克王第二繼承他父親的遺教，志願更爲宏大。他努力開闢新地，尤以填築湖地爲主；他欲增加國土內的人口，乃保證人民的生存，獎勵人民實施新種籽，如綠荳及草本植物。一七六五年又派遣青年四人至英國考察莊園制度，俾將來在實際上模倣方法。弗來笛里克居阮姆第二亦率先人遺法，但執行上殊爲鬆懈。弗來笛里克居阮姆第三時代復致力農業，自一七九七至一八〇七年行政上幾以全力推動農業的進步，獎勵人造草場之開拓，栽植草本的新種籽及製糖的甜羅蔔，故在此時候創建許多糖廠。

關於農民的解放，歷代君主雖亦注意到，但他們此種企圖莫非以增加國家生產力爲目的，蓋在農業經濟上特別在他們直接管地內惟有農民才能實際參加農業的經營，他們想解放農民，乃爲改良農業而已。當弗來笛里克王第一在位時，路朋（Luben）曾預備一個改革計畫，其大旨是：（一）爲着國家財政上的收入，廢除大領地制（Gutsherrschaft）更爲有利；（二）農民須納金錢，然後才得解放；（三）所有農民應改爲傳襲的佃農，每年繳納地租。這種計劃是根據一七〇四年的詔旨而來，但此計劃是未曾實際施用的。一七〇九年亦有同樣的詔旨頒布普魯士全國，然因其議定農民必在獲有傳襲佔有權之後才得實施解放，故又毫無效果。

當弗來笛克居阮姆第一時代賴宰相(General-directorieum)的毅力及國王抱取消農奴制的決心，政府的措施較爲有效。國王以爲如果農民變爲傳襲的佃農，他們將更注意修理其田場。所以他不願拋棄農僕服役制，不願取消農民對領主的各種義務，反而令農民不要離開領主的領地；但是關於永遠忠實於領主的宣誓，應由農民出於自己的意願。於是一切強制行爲，輕輕的被取消了。然而另方面又把領區內播種時供給農民的穀物及獸畜的援助否認了。因此朝廷的威嚴發生了一個矛盾；一面官吏因恐收入的減少，認爲強制農民是必要的，對於政府之放任農民乃提出抗議，一面則因農民之因循習性，已懷疑新的措施，又不願拒絕行政上不能不予的援助，他們曾說：「我們向來有一個主人，我們願意永遠有一個。」

於是，無論在普魯士，在波麥拉尼 (Poméranie)，在馬爾士(Marche) 政府的施政實際上一點也辦不通，卽一七二三年所頒布「若果奴役的兒子從貴族領地來到君權直接管地，這例婚姻稅(Lcskaufgeld)當然亦連帶的不成立」的法令亦不能照行，所以對人的服役 (Leibeigenschaft) 仍然存在。

弗來笛里克王第二在位時，已經實行把佃田改爲傳襲的性質，同時特別打擊農僕服役制，蓋於一七六三年，國王曾依據佃約的情形，禁止領地內的佃農履行服役的義務；一七六七年的奴役整理條例復申令如果農民拒絕服役時不得強制之。一八〇四年賴斯頓 (Schön) 的努力，於十二月二十九日的整理法規中又重申以前的法令，東西普魯士領區內的農民，遂從此建立了人格的自由。按最近合併西普魯士之波蘭地方當時對人的農奴制尚存在於嚴格的意義之下；主人得支配農奴在家庭服役并且得出賣其人，經一八〇四年的改革，所得成效尤著。

第六節　普魯士政府在貴族私地內的措施

在私人領地內，普魯士政府亦推行農民解放運動。但這種努力較之君權直接管轄區內，要艱難得多，蓋地主，在諸侯勢力保護之下，阻力很大。一七六三年國王曾發佈廢除波麥拉尼對人的奴役制之詔令。但詔令中所舉名詞的意義甚為廣泛；各邦諸侯偏據此與王力爭，詭稱真正的農奴制實已不存在，無須所謂解放；但却承認他們是決定保留農僕服役制并禁止農民離開領地。卒之，弗來笛里克王二世的權威在波麥拉尼地方沒有得到半點結果。

普魯士政府於一七六三年在阿特西勒齊(Haute-Silésie)強制改革終身佃田為傳襲佃田；并令領主須與其農民進行和解。在若干區域內曾有成績，但不普遍而已。初時領主對其農民要求過度的贖回費，其後農民又寧願接受領主供給他們的材木之助用，而受欺化。故在弗來笛里克二世逝世以後，除德國人區域如柄斯(Neiss)地方外，阿特西勒齊邦內領主與農民間的一切糾紛又成為問題。在波蘭人地方一七七三年弗來笛里克二世曾發布一個詔令準許農民得依照納稅而離開貴族領地，是謂之Losslassungsgeld。

總之，貴族領地內農民的奴役制是沒有動搖的雖然國王的威權漸伸，而貴族的勢力仍然強大；故改革以來，除君權直接管區內其他各地，都沒有實際的變動我人讀斯坦（Stein）及哈爾坦貝（Hardenberg）的改報革告中，就可以明瞭所謂沒有實際變動的意義。

但就這種種經過看來，在普魯士君主國內，地制上向來沒有像羅波的海的若干國家，予地主貴族以無限的權霸，無疑的，這是因爲普魯士的國家權力把地主的蠻橫強暴抑制了的。

第八章　波羅的海諸國的地制

就波羅的海諸國的地制看來，與前章所述的地制，甚相類似，其所施於農民的壓迫則尤爲厲害。當這些地方的農民漸漸陷於苦境之際，正是東部的農民前進的時候。（波羅的海諸國：施勒斯威與何爾斯坦 Schleswig-Holstein，丹麥，瑞典之波麥拉尼 Poméranie 及立窩尼 Livonie。）

第一節　施勒斯威與何爾斯坦的地制

在這兩個公國，四分一之土地是屬於君權直接的管地，其餘部分，騎士佔三分之二，市民階級佔三分之一。騎士站在優越的地位，他們在領地內握有警察權，幷在政治上有很大的勢力。

這兩個公國內農奴制或賤民奴役制是佔優勢的，其起源比較是新近的事，但發展的形勢與普魯士君主國各地相同：整塊的大領地建立起了，自由農民則沒落或被驅逐了。貴族地主招僱的殖民，只要其工作，而不要納稅，蓋他需要這些殖民從事於大領地的經營，於是徭役增加，傭僕奴役制亦應運而生。這時候的農民也就附着于土地了。貴族地主之祖國的法律又促成了這個運動。兩公國之中，何爾斯坦之採行此制比施勒斯威較爲早熟和普遍。

賤民奴役的條件尤爲明確，他是附着于土地的，他不能離去領地，非領得主的許可，不得結婚及別營手藝職業；反之他亦不能在其田場上被人驅逐，他有自由處理其動產權。

農民中分了幾個階級，這階級的劃分如其謂由土地權之大小寧可謂由於土地佔有的廣狹——第一為耕作全田場，半田場，四分之三田場者，謂之小農 Hufner 半小農 Halbhufen 中小農 Dreiviertelhufen 他們沒有行使眞正的所有權，但他們的兒子中之一得繼承其父業——對領主的服務是沒有確定的普通，自足的小農 vollhufner （即耕作全農場者）應供給八馬五人與領主為田間工作。工作時間自早八時至晚六時，在冬季則自八時或九時至下午四時。地租之繳納或以物品或以貨幣，當十八世紀時都還算小事。

第二為貧農 Insten，他們是散工之流，與小農不同。他們使用一座屋房及一小花園，須負担六十天至七十天田間勞役，他們的女人必須做紡練麻苧的工作。

除此之外，如果他們要用一小塊草地飼養一牛，則他們的服役較重。領主遇着缺之女僕時，他得向此等貧農強挾其女人為其家庭服役。——小農與貧農的兒子自六七歲以後便為傭僕；此種農業家務，由領主給以工資，但甚微薄。

另一方面，貴族對於其屬民亦負一種義務，如供給生活上的必要品，小農企業的所需物，貧農的居住等，他幷有責任賑濟貧民；這顯然是一個眞正的家族制度(Régime patriarcal)。

兩個公國農民的經濟狀況是極壞的，小農的情形亦然，蓋他們收穫之所得極難滿足其最低的生活；至若貧農恃工資爲生，收入亦至薄。其日常食料，僅不外爲鈴薯及牛乳品，母牛所產奶油，他們不能留爲已用，竟必須將其出賣以充其他費用；他們由于缺乏毅力，特別被人所蔑視，非常垂頭喪氣的。他們所受的待遇是極苛刻的，尤其是當他們受富農管理或在投機者經營之下的時候。施勒斯威的北部，情形稍好。但農民地位的改善自十八世紀末始見實行。

第二節　丹麥的地制

中世紀時，丹麥還沒有農奴制，農民中或爲自耕農，或爲佃農，或爲雇農，他們的身份是自由的，并且參加政治的生活。

十五世紀中因不斷的戰爭，遂發生嚴重的轉變，貴族已形成一強有力的階級，宗教改革更使貴族大大的得勢。農民階級的進步遂顚仆下去，最明顯的事例就是自一五七〇年農民出席國會的代表被停止了。

從前，貴族的土地大部份是零碎的小田場，散佈於全國。現在呢，貴族已把散佈的小田場，聯成一塊，且因購入，交換及沒收教會的田產，遂形成廣大的領地(Seigneuries)。新近因握有領地裁判權，貴族的權勢越發強大；農民固然有權出席省法庭Landsthing，但法庭的人員都是貴族，法庭在彼操縱之下，農民無可奈何，且領主又得恃其強制的淫威增加地租，特別加重徭役，使之負無限制的義務。

農民是附着于土地的；一五二三年弗來笛里克王第二頒布關於黎闌(Laaland)島的整理條例，規定每個自耕農的兒子中僅許一人得獨免役務。佃農被撤佃的事件亦已發生；自耕農的村莊從此瓦解或歸併於領地內。

自由的自耕農沒落了，或降爲佃農了。這個原因，一部份是由於不良土地與君權直接管理的良田之交換，這交換顯然有利於佃主：計自一五七五年至一五八八年，此種交換凡有三百件是已經訂了約的，因此許多耕農陸續讓出土地與領主，而變爲佃農。十六世紀末僅剩下的獨立地產(Franc-alleux)之五千個佔有者，亦變爲貴族地主的附庸，從此那五千個佔有者非得領主的許可不能出讓其地產，同時他們的地產在領主權力支配下皆被其所吸收。貴族階級是不受關稅所限制的，他們乃獨佔獸畜的貿易，並摧毀了都市的工商業。當時人士指證農民的地位是很可憐的，十六世紀下半紀，郭內柳咸斯湼(Cornelius Hansfort)曾有記載：『農民是住在茅屋裏，泥土爲牆，糞草爲頂，他們的食物是粗的麵包，牛乳品，醃肉，菜羹；他們的飲料爲一點牛乳及蕎麥等製造的麥酒；他們的衣履爲粗布或麻織的裙子，一對木屐，一頂破爛的帽子。』

朝廷力謀改良農民的地位，但僅在君權直接管地內才能實行。一六二○年及以後數年，克立斯梯昂五世在他管地範圍內解放了農奴；但一六三四年，當其欲行取銷施蘭(Seeland)及黎蘭(Laaland)全部土地上的農奴時，國會幾乎一致的抗議。一六六○年弗來笛里克三世在丹麥建立專制的王權以後，農民僅徒然的聽其撫憐黎庶之聲；貴族階級仍舊盤踞着社會上的一切特權，一七○二年弗來笛里克五世宣佈廢除施蘭，黎蘭兩省及其鄰近諸島的農奴內容是：領主不得阻難農奴的贖回身份；佃農的田場雖屬領主的，不能横被掠奪，亦不能強令之荒廢；農奴得在其生長地以外住居若干時候，不得再加束縛。但是另一方面在一七〇一年的時候，國王創設了鄉村民團，讓地主得由其私人的意見指定團兵，貴族的權勢復因此更加煊赫與鞏固，所以一七〇二年的法令僅不過一種具文罷了。

十八世紀中農民的地位更是江河日下。這個原因，乃由於一七六五年至一七七六年間君權直接管地大部份的賣出佔全國面積的七分之一，這些土地大抵爲投機事業者所購入；他們遂建立了新的領地，并從而擴充之；兼併之勢已成，許多農田及許多整個的鄉村皆被席捲而去，即君權直接管有的籍地內，亦提高地租及加重徭役。迨十八世紀下半期，由於人道的慈悲及農業發展的希望，始有同情於農民解放運動的醞釀。斯路安賽(Sruensée)執政時代，政府已注意到這個問題；特別對於徭役制，擬先訂立一適當規條；但斯路安賽內閣倒台之後，一切進行又統歸流產了，一直到了十八世紀末年及十九世紀，這解放事才現諸事實。

第三節　波麥拉尼 Poméranie 舊地

波麥拉尼農民的生活是極苦的，我人遍觀以上各地，尙未見有如此之甚者。

波麥拉尼初時爲斯拉夫族人居住之地，迨中世紀時完全爲日耳曼種人所殖民。此德國殖民地對於農民是很優待的；農民有身份的自由；有田莊的佔有權；地租的付納亦與領主互訂契約，每個鄉村組織成一個公社

(Gemendeverband)公社內設有一會長名爲Schulze及一鄉村法庭。

但是，貴族大領地（Gutsherrlichkeit）形成以後，農民的地位就改變了。

實際上貴族猶慣常的直接管理其領地；并首先創設奴役制壓在農民身上。經過戰爭及疫癘後，許多放棄的田地皆被領主佔爲已有。宗教改革及脫教還俗的運動，使貴族的地產亦增加了許多。

十七世紀初，這種轉變已經大大的進展，因爲當時勞力的需要，處處都可看見農民供給領主的勞役是加重的。一六一六年斯特坦（Stettin）公爵地對於農民的整理法規，復確定此種新的制度。三十年戰爭的火劫把鄉村破壞了；這不利農民的整理法規已爲波麥拉尼全境所援用。一六四七年九月二十九日又一個整理法規把前者益增其嚴重性。查戰爭的結果，減少了許多經營的農場；貴族地主要把它們個恢復起來是不可能的；在另一方面，農民田場的數目減少了，貴族的領地却又因此擴大。待到佃戶的農場重建的時候，這已不是傳襲佔有的形式；而變爲一種終身的永佃業(Lassbesitz)，以地租及服役的清償爲保證。田莊上關於農業的建築物亦變爲屬於領主的財產，當佃農離開田莊時，領主復行收回；因此領主得容易排斥農民及搗毀其經營。且終身永佃業不是傳襲的，如果佃農遺給其兒子時，領主又每加重其勞役及勒索。卽戰爭後佃農自己保留的田場，事實上雖不很多，亦莫不陷於不定佃業的狀態，總之，環境上使農民已不能不需要貴族的領地；結果必然發生貴族對耕作者要求無限制的徭役；於是他們附着於土地了。非得領主的許可不能離開其田場了。

一六四八年，瑞典國家侵佔了波麥拉尼舊地，瑞典政府欲謀防止土地集中的進行，曾減輕農民的徭役并改善其地位；但是這種政策除君權直接管地外沒有大效果。十八世紀初，北歐戰爭，其結果與三十年戰爭後頗爲類似；有計劃的撤佃事件一天多過一天，無論貴族領地，君權直接管地，甚至學校的管業（如Greifswald大學）短期的租佃制是很盛行的。我人曉得終身佃田又改爲短期佃田，對於農民的保證減少許多了。

但是，租佃制的這種轉變和發展，影響到經濟上發生嚴重的結果。蓋短期租佃的施行，同時廢除了徭役那麼，農民的地位改善了；不過，從前的租佃契約已載明徭役者，其徭役則改爲以貨幣作稅抵納，故對於農民的金錢負担又加重了。總之，新的租佃制倒常常決定農業企業的進步，因此後主佃間的權利義務都在契約上訂定，這實較爲便利，所以有些佃農已漸漸成爲巨富，進爲第三階級的布爾喬亞，雖然佃莊的租金是很高的。

但另一方面許多被剝奪的農民變爲工資生活的雇農了。他們當中可分爲兩類：一爲傭僕（Gensinden），一爲雇農（einlieger，katenlente，hof-insten）。此等雇農在領地內領取一住所，內包含一爐房，一臥室，一廐房及飼牛猪鵝的一塊草地。他們每人每禮拜應做義務工一天或二天，及每年有工資的工作五十二天。領地內則應允許他們一年中的工作，和供給他們廉價的麥子（收穫時分給麥子帶稃十六分或十七分之一）及醫藥等。除這些有定業的雇農外，其他爲自由的雇農，他們都是領地內的工資勞動者；其中也有許多是手藝業工人，但他們在居住的領地內每禮拜都須盡義務徭役二天；其所得的報償則在公共土地上有收益權（但當公共土地分拆之後，他們則失其權利。）至於鐵匠，磨麵粉者，木匠等，他們是屬獨佔的地位，在戶籍册內註明，其職業是傳襲的；這是中世紀遺留下來的僅有遺型。

又短期佃農以外還有一種佃農仍保存其原來奴役的完全形態。婚姻要得領主的允許。其身份好像是領主的財產之一部；領主不管他願意不願意得把他出賣并不給他財產。雖然習俗上這不是一個慣例。

總之，除一小部份外，農民的地位仍舊可憐的；他們幾乎一字不識，人口亦漸漸減少。

十八世紀末農民開始直接行動起來，他們宣言爲改善他們的命運，他們要求解放與踏上對他們亦具同情和援助，這是自由及人道潮流的到來。Reichenbach 在他所著的 Patriotiche Beitraege 的文稿中極力攻擊撤田，主張恢復自耕田，廢除農奴制，取消徭役及服務，減輕佃戶的負担，并請求君權私有土地內首先實行，做個榜樣。

十八世紀時，瑞典政府已注意到其殖民地的農民的地位，當時農民的狀況比之沒有農奴制的本國還稍好些；他曾努力的想免除撤佃。在君權直接管地內，多少改革亦已實行：如一七七八年任總督的哈生斯坦(Hassenstein) 太子發佈一公令，禁止撤佃；并且致力於租佃制之改良，恢復傳襲佃田制，即君權私有土地以外的波麥拉尼全境，政府亦很果敢的限制有計劃的撤佃，并使被逐的農民得到賠償。惟實際所得的效果甚微；至一八〇六年農奴制始行解放。

第四節 立宛尼

立宛尼農民的苦況亦同樣的可憐。其地因受外來幾次的侵略，領主與屬民的種族完全不同。原有人民皆爲本地土人，北部者爲愛斯敦人(Esthoriens)或立宛尼人，屬芬蘭種族；南部者爲黎敦人(Lettons)屬印度日耳曼族；前者在鄉村中聚族而居，後者則散佈各處，彼此孤立。最初爲條頓民族所侵佔，後來才歸瑞典人手裏。自一五五三年至一六二九年不斷的戰爭，地方盡被蹂躪，生機破壞，更不堪言，農民的經濟獨立遂頓失其憑依了。

德國或瑞典貴族階級有絕大權力，鄉村公社沒有了，君權私有土地完全很便宜的讓渡於貴族了。一五九九年至一六〇一年的地籍册中關於農民土地及農民階級告訴我人很詳：一部份是自由農民，他們應付納貨幣或實物的地租與領主，幷負担勞役；其他一部爲非自由農民，數目尤衆。非自由農民中分有一田莊者及無田莊者(Einfüsslinge)，沒有田莊者又分有居住者及無居住者。

另外還有一種賤民Lostreiber，僅爲農民做工，是最貧苦的階級。

貴族領地很遼闊，撤佃是不會發生的，因爲人口稀少而土地又不會不夠。貴族爲要經營其領地，農民的勞力是十分需要的。農民所負的徭役有固定的，有無限制的，或用車子，或用雙手；輸運農産品是最忙的工作。當收穫時，還要負担非常徭役。

農民是緊緊的附着于土地并應供充家庭奴役。瑞典政府的努力是徒然，減縮貴族領地的實施亦是徒然，如十七世紀時貴族雖把六分之五的領地歸併於君權私地，而農民的情況比之十八世紀時且更拙劣。至十八世紀初的北歐戰爭把地方破壞了大都城里加(Riga)毀滅了；立宛尼又劃歸俄羅斯管理之下。一七二二年的復興委員會Restitution-Kommission復將土地大部份償還於舊地主；俄政府又創賦稅的新方法；同時把立宛尼實行『俄羅斯社會化』，其影響亦値得注意的。

十八世紀時，領主已得處置其屬民，可將其充當家僕可以出賣，可以交換，如果他賣出其田產時亦可以併附在內。等到土地漸有進步的時候，撤佃的事件又發展了；領主更擴大其權利，加重徭役，尤其是非常徭役極其苛繁。此時，人民已變爲農奴，凡是沒有處置動產的自由者，領主必以一切強力迫其爲農奴。

從此，地制上的一切皆由貴族領地的經營表現出來。貴族專心一意經營農業，博取大量的麥子出賣及釀酒。按立宛尼於十七世紀時是瑞典人的穀倉，十八世紀時仍有大宗農產品的輸出。在里加港口，貴族直接的間接的出售大批麥子於商人。至於農民僅有些少穀物存積，但常常却爲壟斷者低價收買。同時領主是不特磨坊的專利者，且是製造麥酒，釀造酒精的獨佔者。

因此凡非耕種穀物的土地，是無價値的。牧場不爲人所注意，牧畜業僅用窳敗的方法；更不曉得獸種的改良；飼養牛羊獸畜的草秣非常的缺乏；獸棚的築造亦全不講究衛生。此外，因爲土地的迷闊，農業都是粗放的經營；耕作工具極幼稚粗糙；在磽瘠地方則仍行休耕制，一年耕十年輟。榖物的生產量是很豐富的，但這却與農民的苦況成正比例，農民的食物是很壞的；至於雇農的生活則尤爲慘酷，出外流亡者亦最多，雖然曾有禁令農民出口，但亦無法救濟他們饑餓的要求，一七七五年邦會議時曾提及農民問題，幷有改革的端倪，但沒有實際的結果。俄政府亦曾要求君權私地內的附庸提高其地位，這也是枉然無益。

當十八世紀末，貴族階級對于金融的需要益大，所以他竭力的開墾荒地，幷應用肥料以增加榖物的出產；他幷利用這機會，提高物價，增加地租。

農民幾乎完全是農奴。人口的販賣除在市場及國際間是公然合法的事實；買入的農奴，好像招募的新兵；但是，農奴與在俄國者一樣，是一件東西，是一種資本。當時一位牧師休彼爾Hupel記載云：「雇農的身價較便宜於黑奴：一青年人爲三十至五十盧布，一個磨麵粉者或一個織布者爲一百盧布云云。」同時向外徙移者日益增加，一切嚴防的方法及與外國訂立條約都不能禁止這個趨勢。一七七七年，尤其是一七八三年農村暴動的形勢嚴重起來了，最後那一年農民對於人口稅的法令認爲是領主種種租稅到了末期的喪鐘，但是農民的解放還是在十九世紀的時候。

第九章　奧地利帝國各地的地制

奧地利帝國各地，可分東西兩大部份，地制上有大大的區別。但奧國全國的農奴制是比較不甚殘酷的，這個原因不僅因經濟上的理由；政治亦佔其一部份。蓋奧國諸侯在中央權力控制之下，比較不甚強大，貴族階級在政治上社會上勢力亦較小。

第一節　地制發生的原因

奧國大領地的演進和其他國家一樣。胡西黨 Hussistes 戰爭之後，接着又是三十年戰爭：這戰爭給奧地制演進的影響是很大的。（譯者按 Hussistes爲新教黨，領袖是胡西Jean Jus故其黨人名爲Hussistes）一六二〇年白山(Mantagne-Blanche)一役，皇帝的勝利和胡西黨的失敗又發生嚴重的結果。許多本地的貴族家庭消滅了，新的貴族便代之而興，此新貴族與本地屬民語言不同，種族不同，宗教不同。他們（新貴族）常是冒險的前進者，他們企圖朝夕之間即陡然富貴，他們以戰爭勝利的佔領地就是征服地，爲所欲爲。於是小貴族亦大部份沒落了。

諸侯勢力的膨漲，使貴族領地益加擴大。如西勒齊(Silesie)（奧帝國之一邦）本爲王侯所割據的，這不消說了。如波希米(Bohême)莫拉威(Moravie)社會有四個階級：教司 Prelat（譯者註：是羅馬教廷派出的教官）領主，騎士，市民，各佔勢力。在政治上，波蘭的王侯對於中央政府固沒有完全獨立權，但在社會上前兩階級佔有絕對權力。領主在領地內吞佔國家的賦稅，他們的土地對國家亦免却一切的負担。

我們可以正確的看見這地制特具的跡象：一、貴族領主大領地的建立，形成眞正的Latifundia（譯者按：Latifundia爲拉丁文，卽古羅馬帝國時大地主所佔領的廣大土地）二、農民土地的變動不定；三、農民供給徭役增加；四、農民日益陷於奴隸狀態。

第二節　領主制度的組織

十七世紀下半紀及十八世紀，波希米貴族領地的經營較德國西部尤爲發展。私人田產甚爲廣大。其屬於服務皇帝的王侯，伯爵，子爵等的大領地，叫做貴族地產（Herrschaften每個大領地，約十三個鄉村，）領地較小者叫做騎士地產(Ritterschaft)。至於皇帝的私產則甚少。

在這些領地中多是森林，草場，池沼；但領主直接管理的地產殊爲廣闊。田租的徵納或以貨幣或以實物都很緊重，服務及徭役的勒索尤爲苛酷。

領主獨佔權所包含的範圍甚廣，計其重要者爲獵權獨佔，溯自三十年戰爭以來，獵場完全歸貴族單獨收益，禁止居民携帶武器及獵具入內。其次爲製造麥酒，釀造酒精，販賣飲料及其他日常貿易的專利。領主并強迫其屬民爲它購置農場經營的一切必需品（獸畜，種子，蘇草等。）在另方面，如果領主有需要時，農民須護送其獸畜或麥子；手藝工人并須爲領主作工，工資極低廉。尤有可注意者，貴族地主欲壟斷穀物的一切商業：強令麥商及麵包商僅能向領地的穀倉找取貨品。因此，終十八世紀一百年中，民間怨聲載道，攻擊這『土耳其式的制度』(Truck-System) 一六八〇年以來立法上屢思有以限制之，但均無效果。

還有一種足使領主權力加大者，就是司法權爲他們所把持，他們受理民刑訴訟，甚至裁判國家的大罪犯。其刑罰爲鞭撻，罰金，囚禁及沒收財產。這種領主裁判權之得以保障和鞏固者，蓋領主有管理森林及公共林場的警察，以助其威，他們且有權發布法令，監督行政，處理職業警務及徵收田賦。總之大部份的公權皆在他們掌握之中。所以他們的權勢特別大了。

領土上的行政事務，皆由領主委的司理人所執行；他們是很刻薄的，人們叫他爲劊子手Karabacnik，其行政的組織如下：首長爲總督Amtmann或監察Oberamtmann；管守房屋及建築物者有 Burggrafen 司麥子統計者有Kastner；指揮麥酒製造者有 Kellermeister；及森林衛戍官，獵場管理員等，這些人員是常常更變的；他們都尋覓許多方法增加其收入，因此向居民多方勒索和舞弊。人員的數目甚多，在一個大領地區域內有二百至三百個司理官及役員，領地供給他們的薪俸是不夠的，所以他們只得剝民脂民膏爲活。

貴族領地內的這一切組織，促成了農民奴役制演變爲正宗道地的農奴制。

第三節　農民地產

說到農民的私產，應該就農場的面積及其在法律上的地位相提並論。惟農場面積之大小更明顯的劃分農民中的階層。在通則上平原中的農場比山間是較廣大的，農民的種類可區分如下：

1. 自足農夫 Bauern 耕作有一農場足以供給自已的生活；
2. 貧農 Häusler 有一座房子，土地則甚少；
3. 僱農 Inleute 竟無土地，住居的屋亦賃來的。

後兩種農民都是靠雙手勞動爲活。

農民私產的形式是從農場以外表現出來的，換言之，就是在法律上的地位，構成其差別。第一種形式爲於 Dominikalisten 是在直接領地中佔有一部份者，免除通常賦稅，但仍須負担非常徭役；第二種爲屬於 Rustikalisten 是農民農場的佔有者，他們負担通常所有賦稅。

佔有之中又區分爲傳襲佔有及不定佔有曰 ingekaufte Ungekaufte。前者是屬於自有權者及長期佃租者。長期佃租者，如非受刑罰的判結，經營農業的失敗，或自行放棄耕作，其土地是不能夠徵收的。當徵收土地的場合，應由法官陪審官出席估定地價，徵收之者須如數付給，不過事實上，這種賠償常常是很低廉的。此種佃農得領主的同意，亦有權讓渡其土地，并立遺囑傳授其繼承遺產人；但領主有收其轉換處理或賣買稅之權，此稅普通爲百分之十。土地傳襲其子之一——普通爲最幼者——時，繼承者須得領主之允許，并須對其他兄弟付相當的補償費。

不定佃有又分兩種：一爲直接領地的短期佃田，佃田租佃契約普通爲三年或六年；二爲農場上的終身佃田，此最普通；但領主無論何時得調換佃農，即令佃農另耕其他農場。不過這調換，除非佃農經營不良或拖欠田租，是不常有的。事實上，佃農屬終生性質的，都能依約到底，約滿後且多半由其幼子承佃。十八世紀時，常有把此種佃田歸入直接領地而變爲短期佃田，使農民感受無窮的苦痛。

領地繼續的擴大，使徭役或農僕工役(Robot)的需要不斷的增加。這種徭役是壓迫在所有屬民身上，無論屬民佔有農場的面積大小，皆應負担。有時農民不能以身體供役的場合，則以貨幣作稅抵納。徭役的種類有：駕車徭役，雙手徭役及附屬徭役。駕車徭役是向自足的農夫徵求的；附屬徭役由貧農及雇農負担，爲助理漁獵，送信，洗滌各種帳幕布件。徭役的性質分固定的及無限制的兩種；前者的數目較少。據笛赫斯 Marie Thérèse 皇后時代調查所得，駕車徭役僅佔百分之一，體力徭役亦僅佔百分之三，其餘概爲附屬徭役。徭役的日期及其所應做者雖都有固定，但所需的獸畜則仍無定數的。在波希米及莫拉威兩地的徵役依法每禮拜不能超過三天，惟事實上常常是違例的；在西勒濟沒有法定的最高限度。

此外，非常徭役一無限制，當播種，收穫，晒草及漁取時期，可以徵募數個禮拜的工作。竟有些領地自春耕起至秋收止，領主強徵農民的服役亦爲數個禮拜。非常時期的雙手徭役只限於收穫時候，或重或輕依農民耕作田地之大小而定；貧農爲五十二天；雇農自六天至十二天。

又關於通常徭役，細心研究之，亦流弊滋多。其每日工作至少十小時，多至十四小時；如果兩輪車子一日做做八小時者，則須於次日補足之。法定的三天徭役，亦常常超過，另所謂補足的半日徭役者，自上午十時起至晚始止，且常常到工作地亦須一小時，還不計算在內。駕車役尤多弊端，或路程之遙遠或運儎之輕重，皆無確定；有時覺拉作工業上使用（例如採礦，冶鐵時。）

如果，我們承認奧國地主是從事大經營的，則這一切的過度及弊端無非是需要多量勞力罷了。

第四節　農奴制的發展

經一六二七年（波希米邦內），一六二八年，（莫拉威邦內）一六五二年（西勒齊邦內）幾個整理法規後，農奴制已成法律上的制度了。但這些法規僅限定教徒及貴族得蓄農奴，其原因很乾脆的，就是他們才有司掌戶籍簿之權，考農奴的由來，事實上大抵是遺傳的；也有因和農奴的女兒結婚，或承繼農奴耕作的田地 Unterthänig 而變爲農奴，在法律上他們是自由的，但是他們對領主應負農業經營的事務。其特徵，非得領主的許可不能離開田場，且領主得強制他們復回原地，整理法規曾禁止一切人接受及留宿未領有特許證的農奴；如有犯例者，則處以重大的罰金。

關於移居，自然非得領主的特許不可；且須納移出稅（Loslassung），其稅額估純田租百分之五，三十年戰爭期間，移居者從軍隊，但對於非天主教徒中除貴族或自由人外則絕對禁止（莫拉威一六三八年的法規，波希米一六五一年的法規。）十八世紀時亦有同樣的限制，如一七六五年的法規中令凡私逃出外者喪失其一切承襲權利。但西勒尙與莫拉威鄰接波蘭，奥人之入波境甚爲容易，於是兩國互訂條約禁止移民。

農奴制中另外一特別形態者爲童僕服役制。當每年開首之一個禮拜，領主就屬民的兒子在十四歲以上者，不管其父母需要與否，強行選擇若干爲他家中服役及田場工作，而給工資。童僕役務的時間是不定的，習俗大抵爲三年，亦有增至七年，且一直至結婚時止。領主皆得留蓄此類兒童。常常兒童因身體上不能服役時則須找一代替人，但童役亦得以金錢贖回。農夫兒子的贖費每年三個弗洛林（Florins），惟每每增至十二個弗洛林。至於雇農，自願爲領主服務，以賺取例行的工資；但工資低微，食物的營養甚壞，其所受的苦痛至多也。

領地內屬民如在外工作亦須納稅，未婚壯丁須納二三十克路徹Kreutzer（譯者按Kreutzer爲德國爲貨幣名，約合我國現貨幣二角四分，）女子二十克路徹，兒童十五克路徹。在波希米無論男女其稅額爲十二至十六克路徹；但常有增至一或二弗洛林者。

農奴不能自由的選擇主人；他永遠應以耕種爲業。無論誰欲學習手藝或從事腦力工作者，應先請求領主的允許，非有此項允許，所有職業團體皆不得容納，其得允許者須納習業稅或改業稅，稅額在波希米則規定一弗洛林爲最高額，在莫拉威是不定的，常常增至五或六弗洛林。

農奴的結婚亦必先得領主的同意，倘非有重大的理由，是不能拒絕其意見的。結婚稅規定三十克路維為最高額。按這種義務僅自十七世紀前半期始行普遍。

關於農奴遺囑，除動產外，非經領主的酌定是無效的。

農奴要求解放時，須納以二百至一千弗洛林的贖身費Losgeld；且必須在領地內居住十年者始特許之。

齊此種奴役制，在西勒齊實比波希米及莫拉威較為溫和。

無論何地，真正的對人奴役制是沒有的；不過農奴對其主人須做很苦的工作罷了。事實上領主是需要勞力，而且這需要日益擴大，故自十七世紀後農奴的地位逐漸惡劣；政府雖幾次努力改善農民的生活，一直至十八世紀中葉，幾乎一無効果。

第五節　國家的干涉

自十七世紀末，國家開始採干涉政策。政府之所以毅然行之者，皆不外為財政的觀點而已。蓋事實上，貴族領地已豁免國稅，其對農民剝削之日益加重，是威脅了農民負担田賦的能力。此時，政府是不能安然的，遂開始就貴族與農民間加以干涉，特別對于波希米及莫拉威兩邦，因為這兩邦與西勒齊所經過的情形不同，貴族都不能保護農民負納田賦。所以政府已曉得，保留農民的自有地，整理農民的債務和徭役，及改善其地位，是於國家有利益的。

本來十七世紀末就已經由政府邀請各領地貴族對屬民施行溫和的待遇，幷減輕關於役務上使人難堪的刑罰。波希米及莫拉威的一七一七年整理法規，西勒齊的一七二八年整理法規發佈後，農民如果對領地裁判權不服的時候，得向國家法庭上訴；幷指定律師爲農奴辯護。

按以前，即自一六八〇年以來，奧皇已屢思改正徭役。尤其一六八〇年的農僕工役整理法規（Robot-patent）伏下了波希米大暴動的火線。當此整理法規發佈後許多區的農民包圍皇帝的代表，聲言領主對他們的待遇：『是土耳其人待遇農奴所不忍行的殘酷』。於是擾亂繼起，蔓延於波希米東部及北部，勢成眞正的農民革命。皇帝最初採和平撫慰的辦法，結果更助長其兇焰；焚宮墅，殺領主的司理人，形勢嚴重，最後始派大軍鎭壓，事乃平靖。

同時，奧皇又謀限制領主過度的勒索。農僕工役整個法規曾規定徭役每禮拜只限三天，幷禁止禮拜日與農節例假日工作。但對於非常徭役及別個領地請求徭役則仍令放任。另一方面，則禁止人口稅無限止的增加，及取締領主非經合法手續要求農民購買農業器具用品的義務；幷廢除野蠻刑法。但是，這一切一切的法令，都不外一紙空文。

一七一七年，再次暴動之後，新的整理法規重申一六八〇年的條文，幷增補新規令飭領地內對國家向來有名無實的土地賦稅，必須淸納。

一七三八年再頒布第三次農僕工役整理法規。承認徭役每禮拜三天，確定駕車徭役一日工作的時間。但領主仍保留車輛數目的確定權。雖然，這次法規比以前較為嚴格，而東部各邦的農民地位仍沒有改善；但恰恰相反，東部各邦農民對自已權利應有的認識已建立了。總之，奧國地制上貴族地主得稍斂跡者，不能不說國家干涉之功。

惟是，近十八世紀中葉，奧地利帝國東部，始終還是無限制的大領地制度。農民向來未曾受過像波羅的海諸國的農奴呻吟於苛刻的條件之下者，這時候亦奴服於貴族地主了。貴族的權勢仍然沒有動搖。

第十章 俄羅斯的地制

為了解俄羅斯的土地制度，首先應注意：俄國與西歐有深切的不同，它開化很遲，且向來沒有經過封建制度。再則俄國與亞洲比鄰，極易受東方文化的侵入，而且被蒙古韃靼族的統治凡經數百年。經過長久時期，俄國土地的個人私有權沒有像西歐一樣堅固的樹立，這是一點也不足驚奇的；就是土地所有權由來的沿革到現在也很模糊；研究之者僅不外設幾個假定作立論的根據，尤其多以當時密爾 Mir 的組織為研究的對象。但對于密爾學者分為兩派，一派認為密爾是新近的事，為人造的產品，換言之是國家財政上強制徵收及農奴制的結果；另一派則以為是古代共產制的遺型。

後者的假定似乎較為真確。蓋當時俄羅斯人口是很稀疏的，沒有缺少土地之虞，土地的佔有漫無限制。無疑的，土地佔有最初形態為家族集產制是鄉村公社(Communauté de Village)之一種；這公社因農奴制之發展及國家財政徵收的進步，當然有更加鞏固的可能。

第一節 貴族土地的起源

貴族土地的沿革是很明顯的。這就是俄國的王侯如韃靼人一樣，佔有一切土地。

俄國貴族階級是不住在其佔有的土地上的，與西歐的情形完全不同。貴族階級的來由，是諸侯皇親Kniaz 結合集團，(俄文叫做 Droujina) 他們的職務是自由的，對於君主的服務及行動亦由他們的意願；惟久而久之，始服從最有勢力的君主，(莫斯科公)。當莫斯科公為一尊的君主時候，都為貴族 Boiars 是他的使役，是他的奴隸。

俄國古代貴族有兩種：一為舊貴族 Votchik，即由親傳襲下來的；一為新興貴族 Pométchik，是官吏蛻變的。因此，貴族土地上最初有傳襲土地及恩賜土地之別，從前分配給舊貴族的土地，已成采地者及附屬於采地者，是獨立的，傳襲的。至於恩賜土地，則因君主付給於使役(官吏)當作薪俸的報酬，但官吏不能永常的佔有或傳襲。因此，恩賜土地如其說是土地解放的手段，寧可謂為君主的附屬產業，較為恰當。

然而，結果恩賜土地 Pomestié 獨成私有地的形態，受這賜地的新興貴族 Pomithik. 這一個字的意義在今日亦為純粹的地主的意義了。蓋不久，貴族一切土地的佔有，終至變為傳襲性質；而且當十八世紀時，貴族階級對國家納稅的義務停止了，貴族土地再沒有負担田賦。(譯者註：此節原文甚簡單，譯者乃參考他書寫成，與原著似更充實。)

第二節 農奴制的起原

貴族地權一經確立，貴族地主在農民間的勢力就一天膨漲一天。按中古世紀時，除開一部份是戰爭的俘虜，回復古代式的奴隸外，農奴是不存在的。農民有完全自由。十六世紀時，在司法觀點上，農民還是離貴族地主而獨立，不過就經濟觀點上，他們已漸漸處於附屬地位；他們沒有進境，連做佃農也不成，而僅僅爲農村勞動者。

農民耕種貴族地主的土地是依自由契約訂定每年十二月二十六日（Saint-Georges聖節）農民得宣告接耕或退耕的意見。當這宣告時候，受耕者應該付給賠償費與地主，退耕時則應保存田地的良好狀態，但另一方面，土地因改良所耗去的費用是沒有補回的。

在一個新闢地方，耕種者殊少固定於土地，移徙實爲必然的趨勢；俄國自不能例外；事實上俄國農民之流浪成性亦已久了。當諸侯尚在獨立的侯國時候，曾經禁止移民到別個侯國。在某種情形之下貴族地主亦得農民同意阻擋其自由行走，或者竟在契約上明文規定，使農民行走發生困難。後來國家財政徵收的進步，農民的負担日苛，及徵稅吏的多端需索，這些事體都足以促成農民固着於一定的土地。在「可怕的國君」約翰在位時，詔令所有鄉村連帶負責納稅，那麽全村人爲便利起見，當然要互相保管着農民。

政府爲欲保證賦稅之清償及防止其官吏產業崩潰，對於限制農民的自由行走也有同樣的利益。但當時貴族中較有財勢者事實上往往奪取較貧弱的農民；於是農民出逃事件很多，且公然防害秩序及變成土匪從事剽劫。一五九七年乃有禁止農民逃出之勅詔，承認地主有權追回五年來逃出領地的農民；因此，社會上不特對於農民，即對前時接收逃出農民之地主亦嘖有煩言。甚且完全歸咎這些地主是縱容農民出逃；所以那時逃走農民還沒有被指犯罪而處罰。

十六世紀末及十七世紀初，大地主因反對政府引起之幾次大騷亂的時候，前次勅詔規定的條項還很少實行。一直至羅馬挪 Michel Romanow 安定秩序之後，關於庶民的法規始再建立。限制農民行走之效驗亦漸見進步。附近莫斯科之迪利尼特 (Trinite) 僧院已於一百五十年來保有特權制止農民的出走，當一六一五年牠更首先實行擴大範圍，即在十年內出逃者皆得追回之，於是效法者甚多，且有在契約上明訂者。一六二一年及一六二九年的勅詔，先後強令君權私有土地內十年來逃出的農民復回原地。

在邊疆服務的政府職員 Dvouriantso 曾上請願書，聲明規定追溯五年或十年的時期太短，不表同意，但一六四二年的勅詔仍予以十年的規定。

一六四五年地主又上一請願書，提議不要有時期的限定，凡出逃的農民無論其久漸，皆須復回原地；但不為政府所容納。惟一六四六年因財政徵收屬行戶口登記時，建立一新的法制：凡農民以前在領地內的登記，好像隸屬於領地者，皆為無效；必須經此次登記於戶籍簿，方為確定；前次追溯五年的法令，只限適用於已追還的場合，至一六四九年將明令取消之。

一六四九年米凱羅威茨 (Alexis Mikailowitch) 攝政時代的法令把以前種種勅詔及法規始行確定。這時候農民的束縛牢不可破了，顯然此非因私人的契約，乃是由國家戶籍登記之結果；而且這已成憲法上的條文了。從此，農民是固着的，紮穩死塞的，一個新的發現地若果沒有農民就不能保管如新的建造地一樣，因為農民永遠的爲領主役人不能自由的到新地去。同時，農民又是領主的『所有人』蓋地主才有土地給與他們耕種。

此後，農奴制及家庭中所有份子傳襲的奴屬，成爲經常的狀態。農民身體的一切自由完全失掉，雖然農奴制 Servage 這一個名詞始終沒有提明過，而奴隸的枷鐐則已加諸農民身上。除非沙皇因利害關係上得以限制地主的要求外，農民絕無方法可以反抗的，但沙皇却寧願保障官吏對自己的服務，而任其束縛農民。

農奴制漸漸演變爲對人的關係。以前地主賣却其土地，同時必出讓附着於土地的農奴，購買之者亦必要求土地與農奴同時買入，沒有單獨賣買農奴的事。一直至十八世紀下半期習慣上始發現有賣買交換不帶土地的農奴。

貴族地主旣握有司法裁判權，一六四九年的法令曾把貴族地主得執行裁判的特權撤消，倣地主與屬民一樣的受國家法庭 Vojeword 之處理，但因國家法庭毫無權力，該法令同時承認貴族對屬民得執行體刑的科罰，并令法庭勿受理農民控告地主的案件。一六五三年身體刑罰竟科及酒醉者及賭博者。農民爲反對這種刑罰，自己也就服從地主的裁判了。

農民雖認爲是俄國國民一份子，亦擬人之語。政府固然竭力抑制農奴制之發展并取締傳襲農奴；但農民的奴屬地位每況愈下；鄉村間的地方權，名雖存在，而實際上地主的行政權力不斷的增加。

經濟上的附屬性亦同樣的進步。蓋農民處在惡劣的地位，社會偶一不景氣則輒遭破產，故十八世紀下半紀期中許多農民逃走，投充封匪或加入哥薩克馬隊去，於是政府的措施更加嚴厲，教會亦不敢再收留此等逃民，鞭笞之刑(Knout)亦從此始。

十八世紀時，彼得大帝及其繼承者數代中，已厲行改革，但農奴制猶一天嚴重一天。彼得大帝以爲農民的操業，是國家的支柱。所以不敢變動其地位。惟對於國家利益上，如招募兵役，則許農奴脫離貴族的覊絆，同時因都市的發展，不能不許農奴的自由，故都市中農奴多變爲商人及手藝者；對於領主僅納現金稅 Obrok；因此這等農奴雖還沒有放棄其田地亦不受地主的束縛了；一七二三年勅詔頒布後，都市戶籍的登記強迫施行；據登記簿調查礦工及工藝廠工人皆從農奴制解放出來的。這就是農奴自由改變職業的證據。同時，僕務的傳襲亦禁止了。

但另一方面，彼得大帝仍放任鄉村間農奴制的發展。有些地方（如 Nowgorod Baltique 及 Mer Blanche諸地）本來尚有自由農民，因政府爲欲達到財政的目的，使他們清償人口稅，乃禁止他們的遷徙，令他們固着於土地，於是他們變爲奴隸了。且地主既爲農民負責對國家納稅及服務，所以他們遷徙時必得地主簽字作證。

由此，貴族的領地漸漸形成一個小國家一樣，他們行使一切職權，并打倒一切已能自行獨立的各界職業者，壓迫小有產業的家庭。出賣農奴事件，甚至拆散其家庭，已是司空見慣了；政府此時權力薄弱無法防止這種傾向，並且殘殺農奴的地主亦不敢加以科罰。

彼得大帝以後各沙皇時代農民土地取得權被禁止了，農民僅留的一些權利已漸漸消失；並且為創辦工廠，經營商業與政府訂立契約的權利亦沒有了；就是在君權私地內至少亦被限制。一七四一年，人口調查及戶口登記（Recensement et dénombrement）承認農奴制仍在發展中。自由人中除貴族，公務員，教徒，商業家，外須一律投報登記為販賣者及手藝業者，如有不願意或不能者概應編歸一個領主管理，視若農奴，縱有田產權者亦不能例外。倘自由人不為人（領主）所要時，則充軍阿成堡 Orembourg 去。對於卡爾麥克人 Kalmoucks 尤特別苛刻，無論何人都得把他們固着於一定的土地，並使其受宗教洗禮。這種農奴制的發展所以予國家有利益者，總無非使貴族地主對農民之納稅及服務負其責任罷了。

故此，農民再沒有一點實際的保證了，他的身體與靈魂都給了領主。當一七六二年，宣佈殘殺農奴之領主不受任何法律的處罰。領主的裁判權於是急速的擴大。如一七六〇年十二月十三日的勅詔，責令領主將重罪的農奴解送到政府機關，將其充軍西比利亞。如有叛亂罪者，軍事長官須依照地主的意見處刑或饒赦。

喀德鄰第二（Catherine II）在位時，農奴制又發生新的嚴重形勢。蓋喀德鄰女后復承認一七六三年彼得三世時的勅詔，此項勅詔乃予地主刑罰農民之權，或處以苦役，或充軍西比利亞，並禁止農民非議政府，及拒絕接收農民的條陳。

惟這時候正是新思想發軔的日子。喀德鄰的一個寵臣西埃佛J.J. Sievers提議創辦農業會，草擬一個合理的計劃以經營從教堂沒收的地產，主張保護農民的動產，監督領主的刑事裁判。但惟前一項提議見諸實行，農業會算是成立了；然亦不外理論的鼓吹而已。

一七六七年，喀德鄰特令組織一委員會專門討論立法制度的改革及編纂一部新的民法。喀德鄰着實也表示其自由思想但這不外對農奴制喊出若干標語名言而毫不切實。那專門委員會又固執傳統的成見，提議更嚴格的限制人民移徙。安日爾斯丹貝子爵（Baron Ungern-Sternberg）雖曾提議監督領地內的裁判行使，抑制領主的野蠻行爲，及改革農民現狀的一些意見，但仍承認農民過分服從的義務，因此，委員會沒有一點好結果。體刑仍舊毫無限制；對單簡的盜竊犯亦用鞭笞重刑。并放任貴族販賣農奴，如販賣戰敗的俘虜一樣，安娜女帝在位時雖欲限制，之亦未見收效，然在另方面當飢饉時期貴族以沒有食物供養爲理由，却眞正解放了農奴。一七二八年的勅詔雖責令領主爲農奴付給人口稅，不得順其意見遽行解放。亦屬具文。這位女帝總算能替農奴說話，指摘領主的野蠻行動，及其對農奴當作叫化子不受國法保護或其私有人來看待；一七七五年既然取締強迫自由人爲農奴，同時又責令被解放者不要使地主蒙受損失。這是非常矛盾的事。故這些改革，一點也沒有實現。

喀德鄰第二對於農民解放眞是無所顧慮的。當法國革命時代，她曾派了拉的施夫(Radisohew)赴西歐研究自然法，拉氏遂公然宣布農民的慘狀，幷指示出這是由於貴族的專橫，但他却因此被判處死刑，後來才恩赦減輕其罪，而充軍西比利亞。事實上，這女帝在位時，農奴是普展於俄國，卽從來未有農奴之地也遍及了。

農奴的發展是跟着新的法制而益烈。我們知道新的法制乃俄國由於日益需要勞力服役之旨趣去制定的。蓋自十八世紀下半紀，穀物的輸出已有長足的進步，一七六二年八月十日的勅詔復允許穀物大宗的輸出，這不啻是獎勵農產品向國際推銷。自此白海尤其是波羅的海之各口岸都有歐洲各國的船舶，做此穀物貿易；亞克漢格爾(Arkhanzel)里加(Riga)立堡(Libau)的商業尤爲繁盛(立堡口岸向有許多麻的種子輸出。)其農產品輸出額在國際是佔極重要的，尤其是一七七〇年及一七七二年饑荒的年代，穀產物輸出越多，農業勞動越發需要，農奴也就越加發展，此亦必然的趨勢。

一七七二年白俄(Russie Blanole)合併於大俄，白俄那時尙沒有農奴，但俄政府欲統一國家，已有推行統一制度的趨勢。貴族院曾發表意見，謂『白俄地主應行與俄國貴族一樣的職權，對於他們無土地的農奴之出賣權是不能取消的。』於是白俄的農民與大俄的農奴同一命運了。

在小俄(Petite-Russie)領主土地的起源比大俄更近。從前，小俄完全是一塊荒地；後來又是純粹的墾殖地。經過很長久時期，特別在哥薩克人住居的地方，居民完全以漁獵收畜爲生活。到了開始耕種的時候，土地的經營亦不過暫時的，及後才漸漸確定。同時土地的個人佔有也很緩才發現。十六世紀，在突內河（Dniepr）右岸，猶可看見共產制形態的存在，或為家庭集產，或為鄉村集產，十八世紀時其實像仍保留着。此共產制的內容，即一切財產是公共的，不特使用權而已，就是土地主權也是共有，且每年將分配額重新劃定一次。久之，此種公共田產轉變為私人財產時，最先就是在領主保留土地上起始：或授與外地人，或授與公社社員，他們皆接收一部私有的分配額（Lot）固然，此公共田產都被壟斷土地的有錢的社員所拆散，而貧苦的農民仍羣起反抗；他們以為應與昔日一樣，要求收割麥子權。

小俄的農民經過很長久期間都有行走的自由，他們是眞正的自由人。但十八世紀時大俄的地主卻在小俄盡量購入土地；他們屢欲建立農奴制，并引入了大俄的農奴到小俄去。哥薩克的貴族亦漸漸受此影響。政府初時是反對在小俄建立農奴制的，例如一七二八年的勅詔就可以看得出來。但一七六四年在小俄的大俄議員偏請求小俄須同化於大俄。查波羅格哥薩克人（Cosaques Zaporognes）叛變之後，喀德鄰第二遂決定實行這同化政策：把小俄劃分為三個政府機關，統治人民。一七八三年，小俄雖沒有農奴這一個名詞，而實際上已行農奴制了。一七八二年開始的戶籍登記，是效大俄一五九七年的辦法，並頒布法令，禁止逃走，使農民永遠居住在戶籍册登記的地方。從此，小俄農民附着於土地了。

以前，俄國的農奴制還沒有很普遍，很稠密，到了一七九六年保羅第一（Paul I）在位時，它已蔓延到克立姆（Crimée）高加索（Caucase）及南俄一帶。不過大俄始終是農奴制的大本營，較之北部，白俄，小俄都要強固得多。

這時候，西歐風氣漸漸輸入，新思想潮流已湧起了。一七九七年遂有法令限制農民在領主農場內的工作時間，每禮拜至多不能超過三天；并取締禮拜天強迫徭役。但是這個法令，事實上似乎沒有多大效果。為時約半世紀有餘，農民的地位仍毫無改善。

第三節　農民狀況

俄國農民，世人叫之為小人（Moujiki）或半人（Proloudiodi）是完全馴服於貴族地主意志之下。然而，俄國農民的役務比其他各國未嘗更為苛重。查俄國與其他各國一樣，農民的地租是小羊，雞及布匹；他們的徭役名義上也限於每禮拜三天；他們有所謂組合服役（Tyaglo）包含一男一女和一馬。領主每次有事務時，農民常常須供一個或二個組合服役。但是普通的規例固如上所述，而其實則往往超過；且當收穫時期，農奴每被迫放棄其自己的工作。如果農奴要離開鄉村，須納現金稅（Obrok）稅額二十五至五十法郎（抵我國現在貨幣五元至十元）而且須絕對的得領主的意願。從前在君權私地內所謂國家的農奴（Serfs de l'Etat）情形是比較好些，行政上官吏雖甚慮農奴數目的增加，但結果仍與貴族領地內的農奴數一樣的多。田莊的監理人為欲在農場行盡可能的搜括，其苛刻則更甚於領主。農奴制的末年，尤可注意一事，即多人企圖投機事業，不管土地如何，不管農奴死活，大量的購入土地以從事經營。

在俄國，土地上的役使還不是農奴身體上的役使爲重。農奴的出賣或讓渡，就是人的貿易，與土地往往無關；要計算誰最富有，即是計算誰的農奴最多。很多農奴不是工作於土地，而是爲家庭僕役，計佔有農奴總數百分之七至十。家庭役務是非常的多，大領主家庭中找出二三百的農奴是很容易的事：有御僕，隨僕，廚役，獵衛，樂工的各種各色。就是因爲這各種僕役的需要，才發生農奴的賣買，如十九世紀時，報紙上竟有出賣僕役的廣告。因此主人想提高僕役的賣價，乃使青年僕役學習種種手藝。稍有手藝的農奴就可擡高價格。國家亦得買收農奴，宛如招募兵士；有人把這種購買的收條，又出賣給商人，成爲營業上另一種形式。領主完全可由自己的意思，把農奴賣換貨幣哦！這是一個專制時代，在氏族制度下，主人完全由其私意操縱一切。主人農奴雖取得主人的若干贈助，但這是簡單的恩施性質，他們在法律上沒有一點權利，沒有一點保障，亦沒有國家救濟。領主裁判權在名義上雖不存在，但一切裁判權皆在領主手中；他提出體刑，放逐，出賣，然後政府才執行判決。

這裏我們應補述一句：俄國雖然是農奴制最發達的地方，但農民亦猶其他國家一樣，不是終年固着一定住所，因爲當冬季日短夜長，他們在鄉村間是沒有工作的。他們便到都市，尋覓小工；他們的小工亦是手藝業者（裁縫，磨粉，木匠，拉車等；）或者在每個地方常常有其他特別的業務。當他們離開時是單獨出行的，他們還有家庭與鄉村維持關係，就是寓在商家裏，他離去時也是一樣。此外，尚有一種家庭工業爲補助工作，如織造，刀匠，鐵釘及宗教物品的製造等。

農民土地的特質，就是共產主義，或說共有（Indivision）尤爲適當。一個氏族成爲團體及共有的單位；孩童留在自己家裏；壯年者則派去田間工作。或祖父，或是兄弟中之長者任指揮之責，稱之爲家官(Khogain)或老大 Bolshak 至於家產嚴格上說是沒有承襲及分析。結婚女子離家後便無家產承受權。這種組織中，還得允許一部農奴出外做工。

鄉村公社(Communauté de Village)與氏族共有制組織原則相同。在一定的距離時間，各家的土地分配額重劃一回。分配時不是以人數爲標準，而是依家庭的勞動力以定比例。有些家庭可得二個三個或四個的分配額，有些一點也沒有；分配額的地位也不一定，數年後總有變易。在饒瘠之區，領受分配額時常有爭議，農民每不願多領，因爲每個分配額有一定的稅額，份多則稅重，實在得不償失。草地亦時時重劃，農民都要求每年劃一回，而耕地的重劃則不定期。每次重劃時，每個家庭不能保留前次的分配額。每個分配額在三圃制中每圃有幾塊地；因爲俄國亦行三圃制（冬麥，春麥及休耕）到了農事時期，大家共同工作。

鄉村間設委員會，其任務甚重大，如規定分配土地，確定農業實施時期，預備公社一切契約及執行裁判權等。這個委員會是由家長，且往往有女人組織之，選舉一個村長（Elder）主持其事。委員會選舉時很平靜的，因爲農民都不想擔任公務，故常難覓人充當。總之，這種自治的鄉村公社是完全由習慣沿用的一種形式，在歐洲各國中是很稀罕的。然而，我們也要認識：俄國農奴制竟帶着德謨克拉西的組織。

後部　十八九世紀歐洲農民的解放

第一章　解放運動的總因——沙宛國領主制的廢除

十八九世紀的解放運動有各種不同的形式，因各國的土地制度及農民地位之殊異各表現其解放的特徵。我們從本史綱前部的敍述中可見土地制度有三種形式：第一種爲**封建領主制形式**，第二種爲**征服土地形式**，第三種爲**對人的奴屬形式**。頭一個形式以農民土地爲特徵，當然，所謂農民土地不是純粹獨立的，但於農民的命運是允許可以逐漸改善；第二個形式是在近世紀徵收農民土地，損害農民利益的土地演進；第三個形式爲地主對農民的人的關係。

解放運動的興因十八世紀哲學思潮之興起，首先促進自由觀念。其次經濟的需要及食物生產的顧慮尤足助成解放運動。隨着經濟的發展及資本主義的進步，表現土地制度改變的必要，這個改變完成了土地所有權更大的集中。

第一節　歐洲西部之農民解放問題

我們首先須注意這裏所論的是指歐洲西部。其關於農民及農民土地的解放，顯然有兩個明確的理由：第一是由於人道精神掀起全人類的解放，福祿特爾主張廢土地附庸(Mainmorte)的論戰，就是最明顯的代表；第二是由經濟的需要；如重農學派 (Physiocrates) 認爲領主制度的一切束縛對於農業生產的進步是有害的。十八世紀末這個問題惹起激烈的爭辯，同時包含農民土地問題，當時有兩個意見：一個主張大田產及大經營是更有利益的；一個則承認小田產及小經營是最完美的。

但是問題的重要性還是領主制問題；這就是說應該完全確定農民土地的獨立，另一方面貴族地主仍欲維持其特權；如一七七六年朋賽夫 Boncef 著的封建權利的弊害 Inconvénient des droits féodaux 一書出版後，引起了社會很大的注意，就是其代表著者是表示很右傾的意見，宣稱封建特權是應該由農民贖回，并謂既然特許現在領主完全行使其權利，則應留待其下代繼承之者實行強制的改革，這本書是保護特權階級的，當時的議會已經指責過，但是朝廷還不敢干涉貴族的社會特權，這是可以看見政府對於土地附庸問題的態度爲如何了。

當時贊助解放運動者，因沙宛國 (Savoie) 廢除領主制，益增其勇氣，革命之前及一七八九年，如安泰格 (Antraigues) 之著述，一七八九年八月二十七日西埃 Sieyès 之演講，及在山地各省區尤其是都緋內省鄉村間的討論會，都援用沙宛爲實例。沙宛鄰近的幾個小國家，如洛爾濱 (Lorraine) 及瑞士則已於十八世紀中葉把土地附庸解放了。洛爾濱國公黎奧波爾 (Léopold) 因促進其國家生產力，自一七一九年已宣佈取消對人的奴役了，其取消方法分爲兩種：在其私產土地內毫無贖回的條件，在領主私地內則許領主收回極低廉的贖費。

第二節　何以沙宛國為解放運動的先例？

沙宛廢除領主制之成功，是幾代國公的事業，他們都給鄰國很大的影響。

那麼，在這公國，領主制之解放是怎樣開始的？要解答這問題，首先須明瞭者：當沙宛國公陞為沙爾登（Sardaigne）國王的時候，他的對外方針漸漸朝向意大利，政治上使他感受一種困難；這困難的癥結就是財政的拮据，蓋當時需要財政上的大批收入以應付一切；特權階級向來是不納國家賦稅的，這時候令其肩起財政的責任，實有必要。

一七二八年至一七三八年所編造的地籍册，亦可供給吾人佐證。據這地籍册編載，謂僧侶及貴族已服從納稅，除非誰能夠證明其地權的佔有是在一五八四年以前，誰便免稅。一七八三年六月十八日的佈告，謂除教會財產前已豁免國稅外，其他概須納稅，稅額依其收入三分之二為比例。

這種改革的可能，是因為貴族的割據在沙宛已消失了；如他們所利用的三級會議自十六世紀末即已廢除。貴族從此再不成一個正式的集團，維多亞密特第二 Vetor-Amédé II 可以這樣說：「我們的權利是專制的……不須與任何團體競爭。我們所管的地方是由三種居民組織的：宗教者，貴族及市民。第一級宗教者就是僧侶，他僅在我們的允許後始得集會，其他兩級絕不能組織團體，他們是附屬於我們，是順從我們的意志而服役。」沙宛的元老院再不能上陳奏章；公國的伯爵議會（Chambres des Comptes）已與突琳(Turin)

的議會合併，沙宛任用皮愛蒙（Piémant）的官吏（總監督及省督）常常是重要人員，且從貴族外選擇的。國家權力亦及到自治區，自治區原來的秘書皆變爲國家的官吏。已握有重要地權的市民階級，這時候又表示贊助農民解放，故解放運動遂得雷厲風行，於此值得我們注意的幾個偉大的領袖：如自一六八四年至一七三〇年維多亞密特二世 Vitor-Amédée II 確是一個有政治創作的人物；一七三〇至一七七三年查理愛麥廣爾三世 Charles Emmanuel III 亦君主中之翹越者，繼承先業，艱難困苦，竟成改革之功。

溯自十八世紀上半紀，沙宛國君已經着手干涉貴族的地權：如一七二〇年正月七日的法令規定領主業權內，采地讓渡的場合，其接受土地者不能接受貴族銜；自法令施行後僅有三個領主仍保留這種采地。因此，貴族階級到了不穩定的地位。

沙宛歷代國君都側重經濟狀況，但無甚滿意的結果。農民的貧苦，頗係受封建特權及經濟條件的兩重壓迫。除高區山谷中鄉村共有地方因草場公用居民稍豐裕外，其他都是百業凋敝，生活爲難。蓋當時肥沃的較平原地方多是特有田產及領主業產，而任其荒廢者甚廣，尤其是教會的田產佔極重要位置，這是查布來（Chablais）沙宛本區及日內宛（Ginevois）窮乏及慘淒的根源；僅福西儀（Faucigny）特別是廢縣（Maurienne的情形較爲好些。然而與其鄰國瑞士尤其是窩特 Vaud 自治區的日臻繁榮，其相差眞不可同日而語！所以十八世紀的時候沙宛有許多人民移殖於國外。

當時人士以這種經濟衰敗的現象都歸咎於對人關係的土地附庸制之存在，它束縛了大部份農民并令有積蓄的僑民不敢回國他們復指斥對物關係的土地附庸制此外傍系的承襲（Echoite）條例各省皆不一致。領主權亦殊苛刻；人口稅及徭役，比徵收六分一的買賣移轉稅（Lods et Ventes）僅稍稍輕些，領地的經營因土地隨時轉換，集約方法尤爲難行。這都是經濟衰敗的原因。這裏，我們可以注意皮愛蒙了，皮愛蒙的情形是相反的，領主權較爲軟弱，封建田產普通亦較爲不甚廣大；故解放運動常常是不成問題的。

第三節　農民解放的經過

查理愛麥虞爾三世即位之初，就已着手農民解放的進行；國君任命舊日田莊總管理人組織一委員會，司其職務，一七六二年的法令，宣布解除君權私地內農民之一切土地附庸關係，及取消特權土地內對人的土地附庸制度，并予農民得強迫領主實行解放的權能。但是有些鄉村公社不甚熱烈表示要求解放，因爲他們恐怕結局就是予他們以賦稅。

第二次改革是杜南歌（Tomengo）的伯爵「突琳伯爵議會」（Chambre des Comptes de Turine）的高等檢察官略西（Dominique de Rossi）氏經過長久的調查而完成其事業，一七七一年十二月十九的法令取消對物關係的土地附庸制，同時以時效限令領主權利的贖回；并規定如果關係人有三分二以上的請求，則此種贖回契約由雙方訂定成立；倘遇有困難情形，則由公國權力執行裁判。全國組設一農民解放總委員會，每省設專門委員會，凡有爭論，任命一平民爲仲裁及總委會調查，然後宣布裁判及確定價格。領主在十年之內得向鄉村公社請求賠償。

這些法令，在農民方面是熱烈的接納的，而在特權階級則認爲是一種掠奪。兩方面都有許多關於此類文告及請願書。所以一七七五年維多亞密特三世時曾停止一七七一年的法令，但一七七八年又復施行。

實際施行上亦發生許多嚴重的困難，鄉村公社應自行安排其財產，或用分配方法或用讓渡方法，讓渡方法常爲人所反對，乃採前者，其分配的方式又有兩種：或者以田賦爲比例；或者以每公社中農場大小及對領主義務輕重爲比例，但這種方式，須要經過長期的分配且耗費不貲，於是爲公社解放籌設一總信用銀行，然而公社又感着困難而不願借貸，因爲解放稅常等於二十倍，五十倍或八十倍於田賦，計自一七六一年至一七九二年解放借貸總數七・八五四・〇〇〇法郎；在采地內未有解放契約者總數四百萬法郎，一七九二年償還實數三・六一五・〇〇〇法郎。

茲就特權階級中因解放農民所得贖款列表如下：

對入俗僧侶	一・一六八・〇〇〇法郎
對僧侶	一・一〇一・〇〇〇法郎
對鄉區間及修道院僧侶	一一七・〇〇〇法郎

對貴族階級	五・〇八九・〇〇〇法郎
對第三階級的市民	一七八・〇〇〇法郎
對都市及鄉村公社	一四・〇〇〇法郎
對君權私產	六六・〇〇〇法郎

再將應該付償各主要省份的數目列下：（法郎）

日內宛 Génevois	一・一五六・〇〇〇
沙宛本地 Savoie propre	三・五四二・〇〇〇
福西蛾 Faucigny	九七四・〇〇〇
查布來 Chablais	八〇九・〇〇〇
達孚德 Tarentaise	一九五・八四一
摩縣 Maurienne	六九七・〇〇〇

由上表看起來，沙宛本地及日內宛領主權利爲最發達，就這兩省內，一區與一區又有明顯的不同。

福西蛾（亞爾夫 Arve 河沿岸）的解放運動開始最早在法令頒佈以前，已有十五個鄉村公社從領主權下解脫出來，法令在此處執行亦特別嚴厲，迫至一七九二年全國所有鄉村公社或完全的或部分的解放了；

惟因金融的異常缺乏，領主雖要求解放而鄉村公社卻往往拒絕之。

解放之進行常常經過很長久的波折，如福西蠻之查莫尼(Chamonix)尤其是聖約爾(Saint-Jeoire)是其明例；按聖約爾自治村中有一個新封的貴族芳西子爵(Baron-Foncet)非常的頑強峻刻，農民與之奮鬥，煞費精力，調停磋商凡十四年，一直至一七八五年他死後才告一結束。在聖約爾雖尚有其他領主阻撓解放，但遠不及芳西子爵的冥頑，至若查莫尼則僅存一領主，即主持教務的沙蘭施（Sallanches）而已。

但是沙宛的解放運動將竟全功的時候，法國大革命已爆發了。一七八九年及一七九〇年革命議會的決議予沙宛很大的影響。一七九〇年沙宛農民亦起暴動，他們要求完全解放；并刦掠別墅，焚燒契約文件。沙宛政府遂竭力壓抑此種暴行并取適當方法安靖農民。一七九〇年及一七九一年，政府以全力注意推動解放的進行，力求簡易并減少領主前時所要求的非法徵稅的欠費。

後來，沙宛合併於法國，這種合併正好在解放間最緊張時候而促其順利，蓋沙宛農民因法國建立共和民主制度，甚願意為法蘭西的自由民也。一七九二年十月二十日亞羅布羅日（Allobrogos）的會議決議無條件的廢除封建權利，領主裁判及一切制度。那決議文有云：『只有封建制度才是反對自由平等的死敵；封建制的來源都是由於橫暴非法及陰謀。』同時并決議取消解放贖回的欠費，撤消尚未清償贖費的解放契約。但倘沒有人請求追還所已給付領主的贖款。另外，對於一部私人因其促進金融的活動，則由鄉區允許其執行若干不很害民的特權(如收什一稅，過橋稅及效忠國王的官智譯者按此大概指宗教機關或團體而給與的優待)。這種私人并由解放銀行補償其損失，迫一七九三年五月二十五日白山(Mont-Blano)參議會飭令領主呈繳封建上一切憑狀證書在廣場上當衆焚燬，俾『根本消滅封建一切紀念物及其役務』云。

從此因經濟上一般的發展，沙宛農民的經濟地位已臻改善之境了，但是也許土地附庸制的維持一直至十八世紀，結果倒救護了農民的地權。若在皮愛蒙農民解放早已實行，十八世紀末農業亦大有進步；然我們看見皮愛蒙農民，他們的土地被人奪去了，他們都降爲無產階級的地位；那專門做投機事業者，已成壟斷土地之勢。

第二章 法國領主制之廢除及國家地產的拍賣

在一七八九年法國的大問題就是土地問題，農民的地權問題。這個問題有兩方面觀察：一方面是地權的分配，另方面是身份的解放。許多言論家都贊成農民小有土地，主張增加自耕農的數目；這個意見當國家舉行公產拍賣時就給它部份的回答。但是事實的努力，其表現尤為重要者，乃在農民地權的解放，換言之，即無條件的廢除或有償的贖回領主的封建權利。

以前，當革命醞釀時期，這個問題是沒有什麼人注意的。蓋革命運動操在資產階級(Bourgeoisie)手中，它是特別注意廢除僧侶及貴族兩級之政治的和財政的特權，主張在法律上的平等地位及建立憲政。但當時因需要農民的參加，遂不能不顧及農民的利益，且在舊制的末期，領主的反動更促進資產階級與農民的聯合戰線。

第一節 憲政議會的工作

一七八九年自五月至七月，三級會議中是以政治問題為第一位。但形勢的嚴重迫得會議注意農民問題上去。巴斯的獄攻破之後，大恐怖引起了農村的騷亂，刼掠別墅，焚燒契卷，無日無之。這些事件尤使會議震駭。最初，會議中還想用高壓手段，如八月四日上午達爾日 Target 所提出的彈壓計劃，是其明證。但特權階級中較有遠見的議員，是知道危險的，遂宣佈放棄其特別權利：如亞基雍公爵（Duc d'Arguillon）尤其是諾埃爾子爵（Viromte de Noailles）主張無條件的取消一切對人的奴役，封建役術，至於其他領主特權則有償的贖回；而南西（Nancy）及查爾特（Chartres）的主教則提議贖回什一稅。八月四日晚，對此問題雖然說革命空氣是很高漲的，但其所準備的八月十一日的決議案，仍然是不很明確；僅提示廢除鴿子放任權（Colombiers）漁禁（Garennes）狩獵獨佔權，宗教什一稅等原則；對物權的贖回，又沒有確定贖價的標準。

按當時，議會的決議案仍有待國王批准的必要，但國王是不願意動搖領主的財權，對議會的決案迄不同意；一直至十月五日六日的羣衆示威運動後，十一月三日始行批准。

但是決議案雖經國王批准，而實際上一點也沒有做，蓋憲政會實沒有大決心，且處處感着困難，議員們對於自己不利的案件，每持愼重辦理的態度，不肯犧牲私人的權利；迨農民表示爭回權利及農村騷動時，他們始被迫答允廢除封建特權。一七九〇年三月十五日的布告，又把領主特權免強區別為對人權與對物權兩種。所謂對人權是指土地附庸，領主獨占的獵權，漁權，墟市稅，通行稅，及其他封建稅權（譯者按：法國的封建苛稅，名目甚多，如磨坊稅，麵包灶稅等，）這是全部無條件的取消。所謂對物權，是指『封建的或為地方利益的義務，它是在根本上有優先佔有的條件及價格，』這就是說實物或金錢的領地租稅，農場的什一稅，臨時稅，（如農場轉換，贖回，）這全以賠款贖回。地租之贖回，必與臨時稅合併，拋開臨時稅是不能贖回地租的。按這種規定是非常的苛刻，因為所謂臨時稅事實上早屬輕稅，今再提起來，溯及已往，顯係故意為難。且在佃農方面，却證明其所請求無條件取消的賦稅，都是領主用不合法的手續取來的，故無所謂贖回。然而，農民的要求幾乎是不可能的事。關於權利贖回事項，其種種名目，乃領主單方所提出；如果一切文件憑據已經燒燬的場合，法令則允許領主找一有三十年以上佔有權的人做證，重新訂立他所有權利的事物及量數。這不是無形中給領主的保障麼？至贖回的價格及方式，一七九〇年五月三日議會決定如下：贖回方式不以家戶論，而由每個人與領主訂約，契約完備後，即為贖回；價額定『二十或二十五之下』這便是說二十倍或二十五倍于常年稅的數目。到了此種贖價完全價清時就算解脫領主稅。對於其他租佃關係方面，領主表示強硬態度維持所有權的租稅。關於貸借地，一七九一年六月一日宣佈取消純粹封建性的租稅，據說這是『封建制的污點；』但地租則仍保留。

像這樣的立法，必然發生兩重的夾攻。一方面，領主對取消的權利堅持保留，尤其是關於采地的租稅，并且加重要求地租及捐稅，其目的是在阻礙贖回的進行。

另一方面農民認為政府如此欺騙，尤所憤激，他們遞上無數的請願書於『封建審查委員會』，拒絕接受其決議；并常常抗納地租。此時，農民到處騷亂，實行暴動，搜刼別墅。行政機關亦無力恢復秩序。這時已陷於無政府的狀態了。

憲政會議仍極力堅持其決議案；據一七九一年六月十五日密爾蘭(Merlin)主席時的議事錄，謂議會對於『強迫佃農必須完納地租一直至贖回，及清償什一稅至有代替物爲止』的決議案一點不能通融辦理的，被革命前封建階級的名譽權利(Droits honorifiques)實早已烟消雲散了。至於實用權利(DroitsUtiles)的廢除，尙有許多懷疑之點，領主猶在設法保存其收益權；如采地若干賦稅(Banalités)他是不肯放棄的。因此，農民要進行贖回，感到萬分困難。此外，國家在已沒收的地產上，當封建權利未完全廢除以前政府仍照領主稅嚴厲的徵收；即自一七九二年八月十日以後猶收諸侯時代的地方稅(Cens)及實物分租(Champarts)總之，憲政會議(Constitution)沒有實際解放農民。

第二節　農民地產的解放

立法會議成立後，展開了一個新的時代。當時大家都認爲贖回的辦法是不可能的事。故自一七九二年四月起，在議會中關於臨時稅問題遂引起激烈的爭辯。六月十八日的佈告謂所有臨時稅皆無條件的取消，除非債權人能提出反對證據，證明其權利是屬於最初的取得外，概不須贖回。八月十日後，關於對物權又適用同樣的規定。但是，事實上證明領主要履行這個佈告幾乎是不可能的。於是議會乃允許分別兩種辦法：經常租稅與臨時租稅；臨時稅的贖回作一折計算在二年十個月內償清；租稅的連帶責任，遂即取消；前定追賠欠費之有效期間二十九年，改爲五年，五年後則失去其時效。至於租佃的地面業產(Domaine Congéable)據一七九二年八月二十七日的佈告是允許把適當的地租贖回；實際上就是使田主 Domainiers 變爲不易的所有權者(Propriétaires in commutables)；但是到了共和曆四年霧月（譯者按即一七九六年十一月）又恢復一七九一年的法制。

一七九二年八月二十五日的布告是欲解決公共產業問題的。擬定除非領主以合法的手續買得的不動產外，凡是被掠奪去的公地則一概歸還原主。至於荒地野原如果領主能證明有四十年的管業者，則視為是屬於他們的。這時候，人們並希望把公地劃分管理；但是公地的使用者似乎不願意讓渡。蓋農民羣衆的觀念與市民和富農的意見不同，他們以為維持公地的現狀是有利於他們的。

立憲會議完成立法會議時的事業。一七九三年七月十七日的法令宣佈無償的取消領主的一切租稅，即一七九二年八月二十五日所決議的保留部份亦概包括在內。惟係純粹地租而毫無封建權利的意味者，則為例外。議會並令於三個月內焚去一切封建名册，典籍等，此時所謂純粹地租，雖認為極合法的，但事實上亦連帶的取消了。

至此，領主制度可謂之真正的完全廢滅了，農民的地權才充分的解放。但私有權卻沒有動搖。真的，如果沒有一七九二年至一七九三年的革命運動，領主特權的廢除恐怕還是遙遙無期，農民還是一輩子受其禍害。然而，革命終至把封建制連苗帶根的剷除了，這是平民努力奮鬥的成績。

一七八九年的革命，沒有把地權根本加以改善。當時公產拍賣（譯者按：革命所沒收的一切財產，卽爲國家財產 Des Biens nationaux，予譯作『公產』，取其簡也）固已動搖了特權者私人的地權，如宗教地產已完全消滅，貴族地權亦受重大的打擊；但革命後由於購入，湖地塡築，沒收地之歸還原主，及一八二五年時以十萬萬法郎賠償逃亡者等，特權者的私人地權又部份的建立起來。

然則，公產的拍賣，是特別有利於農民麼？按事實上乃是市民因國家實施拍賣公地而增加了他的地產，他利用此等機會遂佔有土地之一部，特別在市郊地方。但是各處農民購入的土地似乎也不亞於市民。不過，我們應當注意：這並非革命賜惠於農民；蓋國家之舉行公賣地產，原是爲財政上的利益，除立憲時代的短期外，政府都是把拍賣地的塊數單位劃做很大（譯者按：塊數的單位愈大，農民的購買力愈小）。雖然政府也允許農民聯合購入一單位，但事實上眞正能利用之者還是已經有地權的農民。這些農民中一部份亦可算作有產階級之列了。然就農民全體看起來，公產拍賣着實給與他們相當的利益，如革命後，小有地者的數目確是增加了。同時，法國地制上自帝制時代素具的特質，至此益促其進展，我們可以說沒有一個國家的農民地權有如法國的鞏固者。又按法國東部地權的細碎分割最爲厲害；但是這不能說廣大的田產已不存在了；而且在十九世紀時那大田產仍佔很重要位置，不過在許多場合上，尤其是法國西部，大田產與中小農是相容並立的；換言之，大田產並未排斥中小農的經營。許多農民是自耕農或佃農，就是地主亦多兼小農經營者。

自十九世紀初期因領主制度的廢除及物價的提高，法國農民的地位着實改善了，雖然農業的大改進，還是後來的事體。

第三章　德意志西部領主制之廢除

在德意志西部，地制相似於法國，其中心問題亦爲廢除領主制度，且受法國革命的影響極大。惟關於此點，應分別兩部地方來看，一部是在拿破侖時代直接受法國管轄後來又合併於法國者；一部是未合併於法國者。

第一節　法國的影響

一七八九年革命後萊因河左岸的德國地方亦猶比利時，荷蘭皆隸屬於法國的統治，在行政上好像是法國的行省區域。

薩桑額克(Sagnac)先生研究的結果，謂一七九八年法國政府對於壓迫農民的一切領主租稅，以斬釘截鐵的手段，不予絲毫條件，根本剷除，而僅保留已成事實的地租之存在。又因過去的君侯把田產證劵檔案悉數取去，即屬國家的合法的賦稅亦無從查考，所以封建稅制的改革比之法國尤爲澈底。自一八〇四年以後，從君侯，僧侶及逃亡者所沒收的土地，又舉行拍賣；這次拍賣雖其分配的單位額甚大，但農民得此機會沾益至多。由此，萊因左岸地方的社會制度與法國毫無二致。後來這個地方雖被普魯士帝國統一爲國土，而舊制的恢復則爲絕不可能，且來挪尼(Rhenanie)地方在其帝國內，終建立一比較最德謨克拉西化的區域。

拿破侖帝國併吞漢斯(Hanse)諸地亦直接受法國影響，一八一一年的法令把領主的所有租稅一舉廢除了。

現在我們敍述拿破侖時代所建立的各君主國(Royaumes napoléoniens)。按一八〇七年十一月威斯法利 Wesphalie 王國頒布的憲法第十三條規定，無償的取消農奴制及一切『民間賦稅』Charges civiles 惟此項條文甚爲廣泛，一八〇八年一月二十三日的法令乃具體的規定，不過這次的法令全沒有施行澈底政策，對於領主仍承認其地底權所有的利益。所謂無償取消僅指農奴制對人的奴屬地位，換言之就是無限制的徭役，土地附庸童僕服役；關於租稅及實物的供獻，認爲是地底權佔有的應得報酬，如地方稅，地租，什一稅及確定的徭役，皆予以保留；但這些租稅可以贖回的。當時徭役問題碰着許多困難，乃決定交和平仲裁會去辦理（一八〇八年及一八〇九年的辦理法規）。如是分別徭役爲兩種：所謂無限制徭役僅指狩獵徭役及領主築造或修理別墅時的役務；其『非無限制徭役』者，是指已確定職務的農事徭役而言，此種徭役雖未確定工作日數，亦列入此類。

一八〇九年，確定地租贖回條件：凡以貨幣納租者其贖價爲二十倍於年租；凡以實物納租者其贖價爲二十五倍。但到了威斯法利王國消滅時，以贖回手段的解放成績仍未見多大進步。

白爾(Berg)大公國(Grand-Duche)是包含威斯法利的一部及恩斯(Ems)地方，自一八〇八年由曼斯特(Munster)布阮 (Beugnot) 起草民法總規時，已注意廢除農奴制及封建制，白爾內閣對此亦加以研究。惟內閣甚欲實施改革農民的身份地位及土地狀況，但却保護地主的利益。它曾規定如下的幾個原則：廢除農奴及服役義務，充實幷鞏固使用收益權人始繫業的Meiergut所有權，賠償領主所有之適當的租稅。布阮亦接受了這個原則。

一八〇八年十二月十二日拿破侖在瑪德里(Madrid)頒布的法令，謂農奴制的若干遺跡及其引出的一切義務，一律無償的取消，把白爾始繫業制度消滅了；田場因法令使其鞏固的關係，已變了傳襲性的了；於是耕作者皆爲完全的所有權者了。同時，奮僕服役，解放稅，奴役制遺留的死亡繼承稅，身體徭役等等，已無償的廢除。其他租稅及役務，認爲是屬於實物稅者則償價贖回；如進田稅，實物或貨幣的地租，非起原於奴役的繼承稅等爲最明著。其償價贖回辦法是按定比例，限三個月期內完竣。

從上述看起來，正如布阮氏說的，對於領主私有權利的尊重，眞是『絲毫不忽』；法律所予領主的優待，比之歐洲新憲法建立以來，其自己所能維持的利益尤多；『領主的適當租稅仍然是保留。』總之，白爾大公國的改革，還是極保守的；它亦猶威斯法利王國一樣，企圖從憲政立法上，用和平手段解決之。

在白爾幷已準備廢除封建制度。一八〇九年一月十一日哇拉多爾(Valladolie)的法令，宣布毀滅封建的一切關係，采地的一切形態及封建所有傳襲，但對於地租，賦稅及服役則仍保留。當實際推行時因貴族階級的反對又發生很大困難。地方上幷起一種騷亂，如亞欽貝(Aremberg)伯爵地發生的事件，是其明例。農奴制固巳取消了，但領主聲明如果沒有償清其所應得的賠款農民還是在他們保護之下，且堅持要求四天的徭役。此時，拿破侖與布阮竟令白爾大公國的攝政派軍隊彈壓，這是一個錯誤。

一八〇九年奧地利戰爭的時候，貴族階級尤其是在曼斯特者要挾政府宣佈他們業巳崩潰無餘；於是在農民方面以為巳經解脫一切賦稅；所以在許多地方他們都拒絕徭役；那知道是貴族的苦肉計，領主組織的法院却因此旋判處農民為罪犯。布阮則從容等待這個機會以庇護領主的利益。一八一一年，多爾曼Dortmund附郊的三十家農戶乃派遣一個代表至巴黎向拿破侖及密爾蘭(Merlin)請願援助，結果拿破侖允許在地方舉行調查。

一八一一年九月十三日拿破侖頒布一法令，宣稱無償的取消捐稅，（如烟灶稅，家畜稅，）手藝業稅，（這與國家稅重複者）及封建餘規，釆地稅，過橋稅，徭役Loskaufgeld等，幷規定無論終身永佃田或短期佃田，凡佃農能證明其一連三代的耕作者，皆認為是傳襲性的。

但是，領主一再曉曉強辯，謂不能忍受此項法規；農民則又相抗，不肯示弱；因此在法庭上訴訟很久，但最後判決終有偏於領主，這是布阮氏所承認，亦引為遺憾者。

總而言之，事實上當萊因左岸各地的解放運動巳完全成功的時候，萊因右岸才僅僅開始進行。德國朝廷諸大臣，亦猶威斯法利王國一樣都是贊成舊制的；若布阮，若羅埃德來(Roederer)，若密爾蘭諸人皆極保守

者，堅持憲政會議(Costuiante)的綱要，不稍踰越。但是，解放問題則顯係受法國的影響所推展的，

第二節　巴德(Bade)農民的解放

在德國西南部的各獨立侯國，因政治上步驟參差的關係，解放運動的進行，亦甚遲緩且時起時沒。巴德侯國當十八世紀已發生解放運動。巴德侯卡爾弗來特力 Karl Freidrich 即位於一七四八年，是開明專制主義者，是重農學派的信徒。他努力的適用他的理想，建立穀物的自由易易，及廢除商業的專利制度。他尤其注意農業，曾竭力促進新耕作方法的使用，特別推廣人造牧場，并獎勵開墾荒地。

巴德侯也知道要使農業發展，必先改良農民的地位。但是自一七八三年至一七九一年他的計劃亦僅能夠適用於他私人的田地上。

經過了三十年專門的研究及準備，例如解放標準價之減輕等，乃於一七八三年頒布一普通勅詔，廢除農奴制及其一切連帶關係的產物。(如死亡繼承稅Todfall解放稅，移居稅等)并立意取消各種徭役，使之改換為貨幣作稅抵納。一七七〇年 Pforzheim 縣十個鄉村公社(Gemeinde)請願實行此種改革，一七七三年巴德侯乃予以滿意的批准。一七九〇年巴德侯國的 frohordnung 減輕徭役的賦稅，并改良其分配方法，但還僅適用於侯國的一部份 Obermark grafschaft。領主的各種捐稅則規定減少其稅額或備款贖回。當時有若干官吏從中推動實行改革；經過長期的考慮，乃於一七八五年宣佈一法令，允許贖回地租，其贖償在侯

國君權私地內定二十倍或二十五倍於年租；但什一稅及未確定的地租則不在此例。至贖回辦法，分爲三個時期，用比例數濟償。此種贖回運動曾盛極一時，其贖回的土地面積佔全侯國四分或三分之一；但是，這時還沒有廢除領主制度；領主還是要求農民的附庸關係，納移轉稅，及贖回稅。

此外，當十八世紀末領主田產上仍繼續要求舊日的賦稅及徭役。但是，農奴制則確已消滅了，僅在巴德侯國的附屬地尙存有屬於執有裁判權的領主之奴役(Leibeigenen)而已。

這些改革所表現於吾人者固屬有限，但對於其侯國實係一種創舉，由此停止了人民的向外移殖，由此在政治上覺阻抑了本國行將生效的革命宣傳。

自一七九一年至一八一五年這個時期，地制上無甚多大變動，惟對於前已存在的捐稅及役務以外的別項徵收僅立一取締條例。

但是立憲制度的成立引起了一八二〇年十月五日法律案的爭執。此項法律案乃確定廢除一切奴役的賦稅，依照有償辦法由國庫提款付給贖費。規定實物的或貨幣的地方稅，地產移轉稅的贖價爲十八倍或十九倍於一年稅額的價值；但處處農民都反對捐稅的贖回，一直至一八四八年領主捐稅始行廢除。一八二〇年的法律亦規定領主徭役的贖回條例，但所規定的贖價太高，一八三一年乃有修正的新法律案之頒布。至國家徭役則於一八一六年及一八三一年先後由法令宣布無償的取消。按什一稅當十九世紀初所收的總額爲三百六十萬馬克，其中佔百分之六十一爲主要物百分之二十五爲附屬物，百分之十四爲酒類歸於產業所有權者占百分之五十，教士佔百分之三十，封建領主占百分之二十。一八三一年及一八三三年的法律規定什一税的贖回，贖價確定二十倍於年額。

一八四八年的法律，廢除一切封建關係，取消漁獵獨占權，牧場税亦同時蠲免，解放大業遂於這個時期完成。

第三節　于爾坦貝 Würtenberg 農民的解放

在于爾坦貝，最初的解放運動於一八一五年以前，已經發生嚴重形勢。但至一八一七年十一月十八日的法令始宣佈取消對人的農奴制，允許贖回地產移轉税，什一税，改無限制的徭役爲確定徭役，并禁止領主施行新税例，於是佃耕地從此得變爲充分的自有地。

但是實施上這次法令無甚效果，一八三一年乃頒行新法令重申禁止新立捐税，奴隸賦税，并由國庫貸款與農民贖回對人的及對物的徭役。一八四八年卒之強迫贖回一切捐税，贖價一律定爲十六倍於年額，一八四九年又確定什一税的贖回，無償的取消采地税，領地內及森林地帶的裁判法庭，及獵税。至一八七三年關於贖回事件已完成了，牧場捐税亦根本廢除。

第四節　巴耶 Bavière 農民的解放

當十八世紀下半紀，巴耶政府已認定領主制度是農業進步的障礙物，尤當注意的，一七七七年併入於巴耶的帕拉丁挪(Palatinat)地方，農民情形已經很好，他能夠很自由的處理其田產，而且農奴制已不存在了。

十八世紀末，巴耶的許多學者對於解放事業有很大勞績。如哈齊(Hazzi)已爲農業行政的主持者，尤其是法芬和貝(Pfaffenhoberg)縣的法官肯格路貝Reingruberg氏所編該縣的地誌，影響尤大。肯格路貝氏極力闡明領主制下的賦稅，領主地的裁判權及農村資本的缺乏是農業進步的大障礙；他主張在不過度細劃的條件之下，廣大的農場應許耕作人的兒子平均分管。又有學者指示出地產移轉稅及徭役爲一切障礙的根源；一八〇二年黑勒斯貝(Hellesberg)氏出版其所著的巴耶廢除徭役之合理的方法Natürliches Mittel die Scharwerk in Bayern aufzuheben)，主張徭役應改爲貨幣作稅抵納，因其有持穩健的態度，倒使官吏方面受了很大影響。

按十八世紀末，巴耶整理行政組織時，已與司法分離獨立，并創設行政官吏有規律的薪俸制，因而振奮起公務人員之新的精神，一七九九年又設農業行政的副理局，專門管理墾荒，潮濕地之填築，公共土地及草場之分配，農事之一切糾紛及徵收什一稅之改良等。這些措施已在地制改革上樹起良好的根基了。

自一七九九年至一八〇七年政府以全力促進耕地的進步。它招募了外國的殖民，鼓勵開墾荒地；於一八〇一年對於新墾地特許以二十五年的免稅，又竭力贊助公地的分配及耕作，計已分配的公地達二十萬J9 urnaux，（譯者按每 Journal 的土地是指每農夫一日能耕作的土地面積，二十萬 Journaux 即一個農夫工作二十萬日的面積約十萬公頃）并實施農民地權相當的分割。

後來政府又注力於農奴制的廢除。一八〇八年的憲法宣布『農奴制即行取消』同年四月三十一日的法令宣稱農奴制及關於身份的奴屬義務一律無償的廢除。對於實物的徭役制則分別由於奴屬條件或其他的結果而定賠償與否，同時並剷除封建的一切遺跡。但是，政府却不敢攻擊領主制，因爲恐怕因此動搖到私權，並承認此種措施在私有制度上所生的變易亦是爲着農業的利益。

因此，政府僅僅注意取消領主地產內所發生的過度的惡習，如設置領地裁判的監督是其明例。在君權私地上，政府則盡力解放農民的佃田。至於還俗的教士之地產上，一八〇三年六月二十一日的法令則允許耕作者認爲自由私產的佔有，但須付納一種地方稅，一八〇七年七月二十八日的法令，限制地產移轉稅，改無限制的徭役爲確定的徭役，并設立關於地租贖回農民與領主訂約的原則。一八〇八年九月八日的法令又創立對於領地裁判庭的監督機構，并整頓國家司法區域，——到了一八〇八年至一八一八年這個時期，是解放進行的停頓與復辟時期，政府多方防止土地的分割，一八一二年關於領地裁判法令顯然是一八〇八年法令的後退。

但是一八一八年的立憲，是一個進步的新時代之開幕，在兩院會議場的爭辯中，大家都曉得土地改革的必要，并承認如果領主制度不消滅，土地改革是不可能的。然而實際上政府還是觀望，到了一八二五年始確立佃農的賦稅及訂定贖回的條件。一八二六年及一八三二年規定普通地租的價額，幷定贖價爲二十倍於年租。關於什一稅如果得納稅者大半數的請求，則實行放棄。一八三四年復開辦一抵押銀行。

一八四八年的運動，當是農民完全解放的結果。農民大家聲言實際的廢除一切舊制，要求地權的完全獨立。一八四八年六月四日的法令，完全予他們以滿意。取消封建一切關係及獵狩的獨佔權。無償的廢除各種實物的徭役稅，死亡繼承稅，家畜什一稅，新關地什一稅，雜物什一稅及純粹對人的租稅等。至於其他的地租，則確定二十五倍於年租的價額贖回之。政府幷設一金庫局，替農民付淸贖價於領主，然後由農民按年償回國家。

然而，自一八四八年至一八七〇年關於贖回的成績殊爲有限，在前十五年中僅有十九萬五千弗洛林（Florins）已經淸償的。故一八七二年從立法上設種種方法以催促贖回的進行；按當時辦法借款的農民對國家每年的淸償當一直繼續至一九三四年。十九世紀末計有佃戶八十三萬九千家，仍須納地方稅者達五十九萬家；其中三十七萬家應納一至十馬克，二十三萬家十至二十馬克；二萬六千六百八十七家竟須一百馬克以上。

第五節　黑斯選區及哈挪夫 Hesse Electorale et Hanovre 農民的解放

在黑斯選區，一八一一年的民法已廢除農奴制，一切奴役的賦稅及徭役；一八一九年及一八二四年更完成徭役廢除法。當一八一六年，後來又在一八二四年及一八三九年先後把什一稅轉變爲可以贖回的地租。一八三六年及一八四一年規定地租的贖回。（十八倍於年租）一八四八年因受革命的影響，政府宣佈一切租稅皆得贖回，并取消狩獵獨佔權及草地稅。

在哈挪夫的解放運動是受一八三〇年革命的影響，尤其是因收成不好，益促其實現。一八三一年十一月十日的法令宣佈無償的取消對人的役務，及規定實物的役稅得以二十五倍於年租額之價值贖回。一八三三年的整理條件更完成此種法令。

總之，在德國西部，農民的解放幾乎都是一八一五年後的事體。其解放的起因，完全由於反對拿破侖戰爭時所組織的自由立憲政制，及一八三〇年革命的影響；那麽，他們應該要有一八四八的革命運動為舊日土地制度的葬禮。

第四章 普魯士各地的解放運動

德國東部各地的解放運動之方式當然與西部各地完全不同。我們曉得東部不是由於領主制度（Régime seigneurial)而是大領地制（Gutsherrschaft)形成土地組織的一個特徵。在普魯士君主國各地我們也可看見兩個特點：一是廣大的終身永佃的土地（Biens lasites)之存在；二是性奴 Unterthäenigkeit 制度之普遍。領主已佔有廣大的地產，復極力的兼并土地，他們當然需要農民的勞役。

十八紀世時，普魯士歷代君主都注意拓殖國土并促進土地的生產，他們亦致力保留農民的耕地。但是政府所施行的各種政策，僅能在佔廣大的君權地產內發生效力。一直至底爾西特（Tilsitt)條約成立，普魯士維新建國之後，土地改革才普遍的伸展。

第一節 斯坦(Stein的事業

對斯坦的事業，人們都過份的誇張。人們常常都這樣說，尤其是李曼（Lehmanu) 在他所寫關於普魯士大政治家的重要著作中，謂斯坦受了法國革命的影響很大。但是這個觀察被梅爾 (E. Von Meier) 攻擊得體無完膚，他說斯坦對革命的同情極少，在我們看起來似乎也很合道理。即李曼氏亦承認斯坦是討厭耶谷賓（Jacobin) 的思想的，（譯者按：耶谷賓是法國革命時的同盟會）不過梅爾從未刊佈的宰相文件中加以考證及分析更證明他對於一七九一年的立意及人權宣言是不在意中的，且認爲這是腦袋裏刻劃構造的簡單意境。

因此，關於農奴的解放，若就領主私人地產內而論，國家的法令僅不過是白紙黑字，一點沒有實際的直接施行，一七九八年國王宣稱很願意看見農奴制之廢除也是空話。若是就君權地產內而論，解放的進行早在斯坦時代以前。按普魯士之取消奴役制度已見於一七六三年的法令，一七九九年在波姆拉尼（Pomeranie），紐馬克（Newmark）枯爾馬克（Kurmark）又採取同樣改革，不取農民分文的賠償。但同時一七九九年在普魯士舉行的解放奴役及徭役的農民，僅僅是指車役，并須以金錢賠償，此種方策且推行甚廣，而及於波姆拉尼及西勒齊(Silesie)兩邦，惟枯爾馬克一邦宣佈廢除一切徭役。——此外，這些解放運動是與私有地權問題相聯的，解放成功的條件是要看終身佃耕的農民能否變爲眞正的所有權者而定。

一八〇七年十月二十八日，密密爾（Memel）的暫頒法規，關於奴屬地位及其所產生的各種義務，特別是童僕奴役，僅是重申一七九九年的法令。這在西勒齊邦內才算是一點新獻。

一八〇八年七月二十七日所頒布的法案是很重要的，因爲這法案轉變領地內的佃農爲自耕農。法案的內容，在斯坦的本意是要波姆拉尼邦和普魯士本部一樣實行強迫農民佔管地權，而讓枯爾馬克邦由其自便，結果，普魯士是強迫，其他兩邦則聽自便。但是大部份農民是沒有錢購入地權。於是計劃一代替金錢的辦法，令農民放棄領地所與的救助費，播種時的麥子，食物，挽車之獸畜，及拋棄其他使用收益權——特別在森林的使用權（採樵刈草）這個辦法實行了剛兩年，其結果倒裨益於金融，使民間隨時需要的資本流通起來；計在國家私地內有三萬家農地已經建立，且此種解放極爲人所歡迎。

至於貴族地產內的解放，當斯坦執政時僅不外宣佈一個原則；其所採的辦法如補償之類，使農民感受如戰爭時代所遭的痛苦一樣，且這種法令在斯坦執政以前已經預備，特別在施魯特（Schrötter）及施昂（Schön）執政時已具大綱。不過其初乃僅施行於西普魯士及東普魯士；迨斯坦內閣時代始普及於全國。

一八〇七年十月九日的法令宣佈在王國境內禁絕農奴，但這還是通則的佈告，至一八〇九年四月八日的勅詔始正確規定，列舉將行廢除的種種奴役義務(Abzugsgeld) 如下：童僕奴役，結婚及執業的限制等。雖關領地的束縛雖取消，但須納費始得自由。按此法令中有一個重要關鍵，是把地產上各種等級的合理區別消滅了，農民固得購入貴族的土地，但貴族亦得買收農民的財產。因此，從前保護農民田地而反對貴族的蠶食政策之限制亦解放了。當這次法令醞釀時候，普魯士的貴族階級對於這個意義曾一次的表示。施馬爾士（Schmalz）在他所著的一小本册子上，亦提明貴族的意見，認爲這種辦法對貴族是賭博，同時對農民亦是賭博；農民從此將再不斷念地權，而寧願做農業勞動者之更爲幸福了。

後來政府已注意及此，乃有另一個法令，宣佈凡是貴族對於戰爭所破壞的農場，再無能力恢復其經營的場合，則限制其隨意兼併土地；並附帶廢除承襲性的奴隸地位。但是斯坦授意於施魯士的訓令，又維持貴族在所有的田地內建築雇農的住房。此外一八〇八年二月十四日復有普魯士各地之訓令，茲把其包含的條項列下：

一、凡在十八世紀下半紀建立的農場一律讓與貴族，不稍保留，俾其歸併於領地內；

二、關於從前建立的農場，貴族亦得併合，但有一條件，即貴族同時須爲農民培成有真正的地權，其地權面積與貴族所佔者相等。

與上同樣的條項亦在西勒齊（一八〇九年三月二十七日的訓令，）及布倫德堡Brandebourg 波慍拉尼（一八一〇年正月八日的訓令）各邦施行。

這樣改革的結果，顯然是農民土地的解放及貴族地產的擴大。當時，貴族階級對於土地兼併權的限制很感痛苦，如東普魯士聯邦會議與斯坦往來文件中的所載是其明例。這樣一來，貴族地主倒甚歡迎。總之，斯坦似乎不願意動搖貴族階級的特殊權利，他僅企圖改革領主裁判權，但這個企圖亦沒有實現。

第二節　哈爾登貝Hardenberg的事業

哈爾登貝對於貴族的反抗是較不恐懼的，其主張的土地改革亦較斯坦爲急進，同時，他受輿論上的贊助，乃發表爲農民利益而致力解放。

立法委員會的計劃似乎非常的澈底。允許佃農（無論終身佃農或短期佃農一律認爲是傳襲性的）不須給償地產的贖費，皆得爲其耕作地的所有權者。所有的捐稅，領主權利及徭役完全取消；另方面農民則拋棄領主補助費及領地使用收益權。如果在一年之內，這個辦法不能友誼的解決，政府則將舉行清理，幷以不偏不倚的態度處理之。倘這個計劃實行，則地權上將有根本的變改，因爲像這樣性質的耕地，在布倫德堡邦內佔全邦面積五分之三，不過普魯士邦僅五分之一而已。

但是，貴族會議時堅決的表示反對這個計劃。它並提出一個對策的意見書，其中主要的條項卒爲政府所採納。一八一一年九月十四日的法令就是根據這個精神的，依照法令規定佃農變自耕農的辦法，每個佃農都須放棄其一部耕地；承襲的佃農應放棄三分一，終身佃農及短期佃農則二分一。按這法令竟把終身佃農排列於短期佃農的地位，這種終身佃農在普魯士，波姆拉尼，阿持西勒齊紐馬克，烏克爾馬克各邦的農村人口中佔一大部份，由此，大部份的耕地因佃農的轉變而歸讓與貴族階級之手，固然，政府是有決心建立一眞正獨立的自耕農階級，但是這在生活於有限的耕地上之農民是困難的，從這一點觀察，一八一一年的法令是很少見效的；而且，在某種場合上，倒使佃農因被剝奪而變爲日工勞動者的數目之增加。

此外，執行法規的委員會又碰着大大的困難。蓋貴族地主正需要大量的農民勞力，堅持僅許扶助富有的佃農爲自耕農，在另方面政府又沒有權力壓服貴族的反抗，故實際上不能推行其理想之一步，所以這次法令僅僅煽動農民的熱烈的希望罷了。

第三節　領主的反動

一八一五年及一八一六年，貴族階級的勢力仍佔很重要位置。一八一六年的佈告恢復一八一一年的政策，但使農民的負担益重，其能實行者不過解除車子徭役的束縛及所謂古代創制的終身永佃田及短期佃田變爲確定的正式的地權罷了。農民獲取這種正式的地權之償價是要拋棄其耕地二分一或三分一，法令幷規定如果農民的耕地本來甚小，這種償價則代以年租百分之五或百分之七·五，故此等農民仍爲貴族地主的直接附屬者。至於正式小佃地權(Regulirung)的場合，領主與農民均捨棄其彼此交互的權利。領主從此失去土地的太上權；不能再在農場上要求徭役，停止收受貨幣的或實物的租捐；廢除在農民田地內的公共草場，幷把以前的農作器具讓與他們。另方面農民則拋棄經常的補助費，採薪權，領主森林內的使用收益權；又除建築成修理農莊屋舍，或因自已無能力需要領主爲他代納田賦外，再不能有所請求。一切服務取消了，終身佃田變爲傳襲的耕地權了。然而，這種措施，結果還是領主佔最大利益的。

第四節　一八二一年至一八四八年解放的經過

贊助解放的立法已漸漸進展。一八二一年六月七日的整理法規宣佈後劃出一新的階段，這法規飭令免除所有的對物租稅，幷適用於『非終身永佃』的地產上，當然這裏所謂的對物租稅在正式的永耕地內是已不存在了；在有挽車的農場及農民自有的地產上所存留的地租及役務亦一律取消。當時又用特種方法解放西勒齊很廣大的沒有挽車的農地。不特把每年的地租解放，臨時稅亦改變爲可贖性的年租。其贖價規定爲二十五倍於年租額。農民與領主兩方皆得催促實行法令，但如果兩方同意時得維持其原定的地租及役務。

關於一八一五年歸併的蒲省(Posen)一邦，一八二三年規定一特別法，使之適用一八二一年的法令及正式永佃地法的條款，這僅僅到了一八三六年的布告，才特別指定沒有挽車的小農場是不能夠解放的，但是所謂『沒有挽車』(Sans-attelage)其意義非常廣泛，很難確定。另外，依一八二三年的法律正式永佃地的確立是沒有補償費的。因此，蒲省這一邦的解放比其他各地進步得多。反之，在阿特西勒齊邦，一八三七年的法律對於獲取正式永佃地的條件，竟要求最少須有二十五畝(Morgen)耕地的劃讓。

第五節　一八四八年革命的影響

一八四八年的革命又展開解放的新局面。本來一八一六年及一八二一年頒布的法律，實施上是極其遲緩的。到了一八四八年，農村間已有示威運動，特別在西勒齊邦內幾乎全邦震動；農民的團體亦成立許多，他們常常反抗納租及服役。

因爲這個緣故，一八四八年自三月起至四月遂預備編纂新法律。一八五〇年卒至頒行，是爲五月二日的法律。這次法律是包括一八二一年的條文，無償的取消許多項目的捐稅，(計凡二十四種)廢除對領主管理別墅與建築物的徭役及狩獵時徭役。同時取消領主對地產的太上權，建立農民充分的地權，填築潮地稅亦同樣撤廢。扶植正式永佃地的政策應適用於一切耕地，即沒有挽車的農場亦不能例外。關於地租贖回的標準價，確定二十五倍于年租額。國家并飭令銀行，連繫於領主及佃農之間以促進贖回的進行。

一八五七年三月十六日的 Pracklusiongesetz，是一個反動的表示，關於正式永佃地之建立，它限定於一八五八年截止；雖然有些議員據理反對，謂照此幹去則將維持終身佃田制，但卒致通過。不過這法案在事實上沒有予經濟上很大的影響。

第六節　總論

正式永佃地法及解放法所發生的結果，從實事上的統計是怎樣的？克納伯（Knapp）氏在海曾（Meitsen）氏所收集的材料公布後曾作一原則上的統計。據他的意見在一七九九年前『終身永佃制』的地產是佔大部份，到了一八一六年則僅佔耕地的半數而已，薩省邦內，於一八六八年把『終身永佃田』完全變爲正式的永佃地。阿特西勒齊邦當一八四八年僅有四，三一二新的永佃農，終身永佃田仍佔大部份。又一八四八年，布倫德堡邦有百分之八十一的地產已屬正式的永佃地；波姆拉尼邦則幾乎全數；普魯士邦約佔一半。在一八五〇年以前全國的總數計有七萬家地產已經是正確的農有地了，自一八五〇年至一八六五年僅有一二、七〇六家，但許多『終身永佃』的地產消滅了。論到『一切捐稅解放』，當一八五〇年以前；成績甚有進步；即在這時期計算有十七萬農場已解放了；此後便完成此種事業。——其在正式的永佃地以外的田產中，一部已歸併於領主產內；一部則變爲短期的佃田，再有一小部份仍是終身永佃田。

地制改革的結果中發現一個現象，就是貴族地主的地產增多；使其增多的原因有兩種：一是由於正式永佃地建立時的割讓；一是由貴族霸佔其他地產。克納伯氏敍述此項事實的特徵，甚爲明確，貴族地主因此益須要農民的勞動力。所以當奴役解放時候，便有佃農被剝奪及農村勞動者數目增加的現象。此外，有兩種農村勞動者是繼續存在的：一是小農民（Häusler），完全以工資爲活的短工；一是貧農（Insten）爲農村中的長工，其數目日益增加。地主供給他們一座房子，一個菜園及一小塊田地，所以從經濟關係上地主更緊握住他們的附屬地位，所給付的工資亦以實物爲多。總之他們的生活境況常常是很可憐的，到了十九世紀才有一點點的改良。

幸而土地所有權改善了，富農的地位從此得以提高，然而較貧苦的農民，則恰恰反是，他們的生計變爲更無保障了。在法律上固然他們已取得自由，然而這對於貧無立錐的勞動者，又何貴乎自由？所以結果又在經濟上附屬於地主，地主是需要他們的雙手。故從這種情形看來，他們的命運亦已變爲與英國的農村勞動者一樣。

因此，農民解放不獨予貴族地主以增加地產的利益，且在農業經營上給他們尤多便利，他們所損失的不過一點的義務徭役，及若干例外地方的童僕服役制。但是他們改善了土地的利用及經營的方法，即在阿特西勒齊邦內，地主向來都感受資本的缺乏者，至此亦優裕了。他們漸漸變成農業經營的領袖，他們自已亦為商人及製造者以批發他們的穀物與羊毛，並且建創了大釀酒場與麥酒廠。

至於農民，當其被克服為正式永佃者，他們肩起了很重的負担，尤其是變革之際令他們償回租稅；他們才開始習用經濟的新方式，他們再沒有補助費的收入及使用收益權；這是普魯士本邦的實際情形。若在阿特西勒齊邦內，許多小有土地的農民，其生活必須有附屬工業才得維持，例如開礦及運煤油等。

但從其反面觀之，農民因其地產比從前耕地減小而收入亦減少了；這個情形在波姆拉尼邦是很明顯的，當一八一九年有人計算正式永佃者凡三千三百家是如此的。若在浙省邦一八一五年以前，農民的生活是很貧苦的，自一八二三年的法律頒布後，已發生良好的結果：耕作的方法改變了；飼養獸畜進步了；並已開始栽植蓿草以充獸糧。較勤勉的農夫亦能建造房屋，衣食亦較好。故雖歷一八三〇年，一八四六年，一八四八年幾次的波蘭叛亂，但未久他們即恢復原狀，生活是至為安恬了。貴族地主的境況亦改善了；他們已不再委托富農替他們管理農事，而自已從事經營了；他們的收入當然大為增加。

總之，在普魯士君主國東部，因農民的解放，農村各階級的生活都改善了；農民在法律上已有自由了，小康的農家，其情況自更進步；當然所予貴族地主的利益尤多，他們的地產擴大，同時他們企業所需要的勞力尤特別增加，使他們到處直接利用其土地。

第五章　丹麥施勒斯威與何爾斯坦及立宛尼之解放運動

第一節　丹麥

十八世紀下半紀克里斯梯安七世 Christian Ⅶ在位特別在斯特路恩瑟(Struensée)政府時代，已經有解放運動。農村經濟學院亦於此時創辦；一七六九年曾有提倡廢除封建公有地及確定徭役，阿爾庇(Older)著作的爲自由與財產供給丹麥農民的意見亦經出版。一七七一年二月二十日遂有整理徭役法規之頒布，但斯特路恩賽倒台之後，這種改良趨勢中途流産，農民的命運似乎益形嚴重。計六萬五千農民中，只有一萬八的地位是自由的，他們的狀況仍極悲慘；甚至他們要在農間找工做也很困難。土地的利率亦已超過百分之三百或四百，眞是所謂地竭民貧了。

丹麥的穀物雖多輸出，但這都是大地主獨佔的利益，與一般人民的生活是無裨益的。

弗來笛里克 Frédéric 親王，來文特羅 Reventlou 安泰彼爾 André Perre，朋斯多夫 Bernstorff，柯爾比椰遜 Colljeorsen 諸氏乃樹起一個新的改革運動，第一次改革是在君權私有地內之諾爾賽 Nordsée(克倫堡及弗朱笛力克斯堡兩縣 Districts de Kronbourg et de Frederiksbourg)實行廢除鄉村公有地，改徭役及什一稅爲貨幣納稅；佃農以稍增加賦稅爲條件得爲所耕地的所有權者；自此，有一千三百農家變爲有地權的自耕農，農民的生活亦改善許多。

一七八六年政府任命組織一土地改革委員會從事研究全國土地改革之推進，經一年之努力，一七八七年七月八日乃頒布一整理法規，確定地主與佃戶相互間的權利義務關係，一七八八年六月二十日又另一法規廢除農奴制及奴屬地位，并保障未滿十四歲及已過三十六歲的一切農民之身體自由，服兵役則由個人意願，領主再無過問之權，從前受『主張地主保護貿易』(Agrariens)的理論所影響而禁止穀物之進口，亦宜布弛禁，并取消禁止農民飼養菜牛之習例。本來當一七八六年就已創設一金庫局以供給農業經營資本的週轉及因贖回耕地的貸款，所以自一七八五年至一八〇七年間自由地產已建立了很多。

在同一時期內，爲欲使佃農贖回耕地之順利，又限制徭役，地主從此不能任意勒索。地主們知道這也是與他們有利的，故改革進行漸漸奏效，同時并有鼓勵地主自動放棄什一稅的，關於要求課稅以貨幣繳納的特權，此時亦加以限制。

這種種改革，結果都很圓滿。計一七七〇年農產品收獲的平均數，約六百萬噸；一八〇三年增至八百四十萬噸；迨一八二〇年竟達一千萬噸。生產物的資料亦同樣進步，不過一八〇七年至一八一四年間農業的發展稍爲停滯而已。

自一八四八年至一八六一年又開展一改革的新時代，按一八四八年自由立憲創製時，農場仍有三分一爲佃耕者。故新設一土地委員會 Commission agraire，專門致力扶植佃農爲自耕農，及研究廢除殘餘的徭役。蓋一八四九年農民中尚存百分之十三應負擔徭役，其間且佔三分之一是完全徭役者；此等徭役農民中已償清什一稅者才百分之十而已。

土地委員會又準備一新的法案，至一八五一年四月八日遂頒布法律，凡農民耕地保留於國家私產者一概賣與佃農，一八五二年及一八六〇年又將此項法律適用於法院，醫院，慈善會及其他公團的地產上。計自一八五〇年至一八六八年間三、一三〇農場中有二、六八〇已賣給農民，又一八五四年至一八六一年的法律飭令一切貴族地主須出賣農耕地；差不多有二萬農場已變爲農民的地產。在一八五〇年六萬八千農場中有百分之三十還是短佃制；到了一八九五年在七萬三千三百農場中僅剩四千三百個屬短佃制，佔百分之六而已。一八六一年，所有徭役已完全消滅。關於什一稅，自一八五二年的法律頒布，到了一八五六年其繼存於實物者亦沒有了。

總之，自一八四九年後，丹麥農民已取得社會上的平等地位；農民地權亦重新建立基礎，自一八六一年以來，事實上已完全自由與獨立。反之，丹麥貴族階級在土地上的支配權，初在開明專制的維新之下，後來在德克拉西運動推展之下，已完全毀滅了。

第二節　施勒斯威與何爾斯坦 Schleswig-Holstein

在這兩個公國，或者至少可說在施勒斯威，與丹麥一樣，自一七六五年至一七八七年，解放運動已在君權私地內開始了。農民在他農莊上已握得地產權，政府并創設有許多農場實行永佃制佃給農民，因此，所有奴隸的賦稅已失去存在的理由。同時政府并希望在貴族私地上亦施行此種改革，施勒斯威的貴族地主，尤其是在徭役制較溫和的北部均效法政府措施的先例；但在何爾斯坦，領主則甚少表示在他們私地上建立同樣的農場。

當時因為朋斯多夫鼓吹的影響，解放的思潮已見進步。一七九六年貴族乃派十四人組織一委員會研究解放問題。因這機會編輯了好幾種報告書，其最要者為倫騷 (Rautzau) 的報告，他堅持一個意見，認為自由勞動比奴役勞動實在要有出息，他主張徭役應改為以金錢替納。

國王經過了三年的躊躇，一八〇〇年乃在第一法規中宣佈逐漸減除徭役，預定於一八〇五年當不再有徭役之存在。一八〇三年及一八〇五年十二月十九日的整理法規陸續宣佈，其內容：一、農民將有身體的自由；二、農場及居民的數目不得減少；三、徭役及挽車役即行廢除不須賠償於領主；四、領主與屬民間的一切契約須以文字記載，在另方面則保留家族的裁制。自此解放後，領主永為農民耕地的主權者，耕地租佃形式則確定為短佃制或承襲佃制。

短期佃制的契約，最常者為八年或十年。役務的形式當通已改為以金錢抵納，但這時候亦有以役務代納地租者。又租佃契約中幷載明特定的耕作物及輪迴耕種。佃農佃耕領主的田地時幷須用其磨坊及冶鐵坊磨麥稅徵十六分之一。領主所佃給佃農的土地常爲小塊的農場，僅及三分或四分之一的農莊，其條件亦如前一樣。因此這些小佃農專以耕作不能維持生活，迫得仍須出賣其雙手於領主，不過這不是強迫的性質罷了。

貧農是領地內的長工數目日增但領主爲利益上有他們勞作的需要；他們普通都在村莊外居住，與農村戶口隔離甚遠，他們的工作或在農莊家中，或在領主家中；工作之前先訂立契約，載明工資逐日計算，主人須供給他們建造或修理房屋的材料，幷予以醫藥費：這對於主人算是一個義務。

但是自解放以後，貴族變爲其田地上的眞正的主人翁，農村公社的組織已消滅了；一切行政皆在貴族的手上，一切田賦亦由他償納。這是貴族的自治，比之英國的 Self-government 尤爲明著；農村戶口與王權的關係幾乎一點都沒有了。

十九世紀中葉，僅在非貴族土地內有些進步。初時因舊日貴族農莊的解體，遂建立極小塊的農場，實行永佃制，佃耕之者，各等農民皆有，甚且有官吏職員及收租者。後來因貴族地主堅欲保留其從前的耕作者，特別在施勒威齊及君權私地的，尤多此種現象，所以有些短佃農民聊變爲永佃者或所有權者。因此現實的行政組織應加以改良，幷創造公社一類的自治區，貴族則保留區內事務的管理權。

法律上種種的改革，在經濟上發生重要的結果，農奴制的廢除，徭役的確定或取消，推動了農業上實際的進步：荒地開墾了，潮地填築了；農場分配改良了；肥料應用已經開始，休耕制漸漸消滅了。使用收益權已有規則，公共地及荒地亦已減少了。從前土地的生產很薄弱，於今已大大增加了。潮自解放以來，收獲物及牧畜比已前已增加一倍，農莊出賣的價格亦倍蓰於昔；一八三〇年是此等繁榮最高的記錄。又按十九世紀初期，許多地產都在典押中，到了下半紀已完解脫了。

第三節　立宛尼 Livonie

我們知道立宛尼所存在的農奴制之形態是最殘酷的，十八世紀及十九世紀初也曾有解放運動。十八世紀末以前的改革運動，沒有很大效果；一七六五年的所謂解放，可說毫無成就，一七九二年的邦會議時乃重新注意這個問題：當時適爲一新時代，貴族們實受了西歐思潮的震撼；並已有人見到只有根本改革土地制度才能改善經濟狀況；許多著作家如林克 (Link)，哀遜 (Eison)，梅爾契爾 Gorlieb Merkel)等皆宜傳此種改革意見。一七九五年的邦會議，在貴族階級中一位將軍西威斯 (Fr. W. Von Sivers) 的主要影響之下，對於改革問題已比以前更具體的討論了。

迨一七九六年邦會議時始開展大改革的實行。其內容可得而言者：最初關於所有權的問題，先決定保障勞動產的佔有權。佃耕地的撤回 (Bauernlegen) 是不禁止的，但農民地產的兼併則須加以限制，其辦法如下：如果農民對於農莊已經改良，則由地主給回補償費；如果農民對於經營非承認絕對需要領主時，則其耕地不能收奪，至於新的農場建立之後，在三年內不徵收賦稅及役務。

關於租稅及役務問題，先於一七九七年五月一日發佈一新的職務交各府的統帥執行：登記十五歲以上至六十歲以內的一切人口；一切徭役改爲公正的規定。然後解放農民的身份自由：限制領主的懲戒權；除開若干貴族外，不得買賣農民的身體；農民夫婦是不能分離的。

一七九七年的邦會議，正略德鄰第二逝世，又施行新政策：一、關於領地內佃耕地之撤佃 Bauernlegen 除應補償改良費外，應再給補助金；二、新的農場建立後，賦稅的豁免延長至十年；三、關於出賣農民制定新的限制法。

一八〇三年的邦會議，幸西威斯接受自由黨的提案，乃有一八〇四年整理法規的頒佈，是爲一個新時代之開展。此項法規禁止違反農民的意思，而將其從此處業地易至他處，亦不許拋開其土地而出讓農民，耕作者得爲其農莊的所有人或承襲的佃農。又確定一種新的法規限制撤佃；即佃地的撤佃須依必要的條件，如佃農把不耕作地變爲生產地的場合，是不許撤佃的。維持農民在領主的森林內之使用收益權；并保障新建農場時領主所應給的補助費，徭役及租稅依農場面積及價值確定其比例數；又規定當農民狀況改善時不能增加賦稅。賦役服役制取消了，結婚的限制亦廢除了。因此，農奴制再無種種的限制，如讓渡不帶土地的農奴須照極嚴格的規例，至於出賣農奴則僅限賣與立宛尼貴族（譯者按：讓渡不帶地的農奴與出賣農奴不同，蓋出賣農奴是指運人帶地也。）

在立宛尼的改革，比之丹麥及兩公國是較不澈底的，但我們不可忘記立宛尼當改革之初，環境是很艱難的。

在波羅的海諸國，解放運動中所具的特徵與普魯士君主國所發現的甚相類似。但是，在某種觀念上，波羅的海峽諸國的解放，其予農民的利益更多，尤其是丹麥。蓋丹麥當十九世紀時，貴族階級的勢力已經淘汰了。若在立宛尼則剛剛相反，因其地役制是非常堅固的。積重難返，欲使之消滅非一朝一夕所能奏效也。

第六章　奧地利帝國之解放運動

在本史綱前部已看見奧帝國各部地方地制上有顯然的不同：西部是領主制（Grundherrschaft）佔優勢；東部則大地主制（Gutcherrschaft）佔優勢，在波希米（Bohême）及西勒齊（Siléise）兩邦的加李西（Galirie於一七七二年歸併於奧）和一五一四年暴動後的匈牙利農民，其境况尤爲可憫。

第一節　瑪麗笛赫斯 Marie-Thérèse 的事業

奧國一直至瑪麗笛赫斯登位，沒有一次好好的改革。至一七四八年才開始整理行政的組織，目的是在改革財政的收入；爲達到此目的，就應該增加賦稅。爲要賦稅的增加，必然會牽涉到土地制度上去。

自一七八四年在布拉克（Praque）開創的 Judicium delegatum in Causis subditorum 一七五一年便已解散，沒有很大成績。其較有貢獻者似乎還是爲着減輕賦稅而設的調查委員會，該會由剌里士（Laricb）主持數年，它承認對於撤佃（Banernlegen）有加以限制及監督之必要。一七五〇年又命令領主與佃農交換地產時必須負擔賠償及呈報區行政會（Kreisamt）。

一七五一年關於貴族地產上農民田場組合又以命令規定之；其有閒空的農場所應納的賦稅由領主清償。故從這個時候起，對於農民的剝奪已經實行限制。

那時亦已從事確定徭役，西勒齊在農民叛亂之後，首先着手由政府組織一委員會，其中主要的人物爲白朗克(Blanc)，因諸侯未被請參加會務，故會中未遇有抗議之事。一七七一年的總勅令(Hauptpatent)乃確定所需求的賦稅及役務，幷規定其貨量；又分別農民中各級所應負的徭役日數：佃農(Immänner)十三天，沒有耕地的貧農(Hausler)二十六天；有耕地者五十二天。每禮拜永遠不能徵收三天以上的徭役；每日的工作限定十小時，同時幷確定森林與公共草地之使用收益權。

在波希米邦因諸侯不斷的反抗，改革上感着極大困難。其經過情形如下：政府先就多甫齊士(Dobrzisch)的領主區內調查種種惡例陋規，調查結束後的報告承認農業經營中農民是感受痛苦的；領主及其司理人互相推諉，對於農場不負責任；蓋所有地產付司理人看管若干時候，由司理人納二千杜卡(Ducat是歐洲古金幣名，約值千二法郎，)然後又交回於領主孟斯飛伯爵(Comte Mansfeld)，所以彼此均無一定責任云云。適一七七〇年及一七七一年的大饑荒，情形極爲嚴重；一七七一年乃設土地登記委員會(Urbarialkommission)，擬先行整理土地，但農民之思動則已一天甚一天了。

於是一七七三年八月十三日頒布農僕勅令(Robotpatent)，一七七五年九月七日此項勅令施行於奧拉威邦，其新的條款又在西勒齊邦適用。按此勅令法一七七一年所宣布的很多相同；它依照農民中各階級以確定其徭役——階級的分別是從其所付給的賦稅而決定的；禁止領主增加農民田場內的服務及租稅；幷只許其有減少的可能。在那三處地方（譯者按：是指莫拉威，波希朱及西勒齊，）朝廷委派的委員會應即監督每個領地的役務及租稅；這種工作遂於一七七八年結束。在巴斯奧地利(Basse.Autriche)於一七七二年亦重新整理術役制度。

匈牙利於一七六六年至一七六八年甚致力於扶植正式永耕地，但因議會之反對，幾乎一無結果；一七九○年此種政策曾有一時間的復活。

瑪麗笛赫斯在位時，亦曾改善農民佔有權，使農民地權得有確實的保證之運動。一七七○年有一法令適用於西勒齊波希朱及莫拉威者，宣稱這是給與農民以獲得權，(Droit d'acquisition）即保障農民的耕地爲傳襲的佔有。一七七三年，在卡琳直(Karinthie)頒行同樣的法規，謂傍系親屬亦有繼承權，這樣一來，領主中無繼承人者的權利動搖了，同時在斯提利(Styrie)及喀爾尼懋爾 (Carniole) 亦在計劃同樣的改革。

第二節　若瑟夫二世 Joseph II 的事業

瑪麗笛赫斯時代的土地立法，對於一切役務及賦稅，不過加以整理規定，還沒什麼多大變更，且其目的，還是以財政爲前提，反之，若瑟夫二世的土地政策已具革命的精神了。

一七八一年的勅令，首先宣布廢除農奴制度。屬民雖仍遵守順服義務，但關於結婚，僅知照於領主已足，無須納稅，無論何人學習手藝，亦不用領主的許可；所服役的地方亦由他的願意；要離開領地除請求允許外，不再有其他納稅。

強迫服役徭(Zwangsdienst)已廢除了；惟對於父母死亡的孤兒則強令其自十四歲起仍須服役三年。一七八一年幷施行監督刑事犯的裁判。特倫西爾凡爾(Transylvanie，一七八三年)匈牙利(一七八五年)亦同樣宣布廢除徭役制。

若瑟夫二世幷規劃改善農民的佔有權。竭力把不定的佔有改變爲傳襲的佔有，及解放在領主束縛下的農民地權，其商業大臣拉甫(Raab)則主張實行增加人口及自耕農數目的政策。

但是奧皇事實上不能以法律強制此種改革；且農民亦殊少贊助他們以爲改革的障礙很多，恐怕得不償失。所以朝廷的努力，僅能在領域內建立新農場，而沒有其他的成績。一七八九年關於終身永佃田，規定佃農死亡而無遺囑時，其佃耕地仍應認爲是傳襲的，這算是一個進步的法令了。若瑟夫二世一再努力廢除所加於土地佔有權的一切束縛，希望增加土地生產效率，故許多教會產業已脫離教會的關係了。按一七八二年關於非貴族取得貴族土地幷取得貴族身份的規定已行免除，一七八六年的民事法規又取消獲得土地所有權的一切障礙。

在改革中之另一部事業，是爲一七八三年至一七八九年所規定國家田賦及領主役稅的條例。若瑟夫二世受了重農學派主張建立土地單一稅制的影響，於是他設法把田賦制定規律，遂編造記載逐個農場的地籍册；一七八九年乃完成其工作。

一七八九年二月十日的農村勅令(Urbarialpatent)，制定新地稅以替舊稅，其稅率定爲收獲物租額百分之十二又九分之二（$12\frac{2}{9}\%$）此種收獲物以百分之七十爲耕作費用及投放資本的報酬，以及農民維持生活的需要，其餘僅剩百分之十七又九分之七（$17\frac{7}{9}\%$）作爲領主的地租及捐稅，那麼領主向來所收入的已被減去一半或三分之一了。

改革中最明顯的條件是把農民對領主的役務改爲貨幣抵納；其契約由領主與屬民自由訂立。此種新制原定於一七九〇年十一月嚴厲執行，并推行至匈牙利。惟實施上則僅限制用於正式永佃農，換言之即納稅二弗洛林 Florins 的農場的佔有者。在領地內准許的層農 (Inleute) 及貧農 (Hausler) 是不包在正式永佃農之內的。

這個新法律頒佈後各地的諸侯及領主皆極力反對。匈牙利更因此發生嚴重的叛變，迫得若瑟夫二世於一七九〇年一月二十五日宣佈取消。因此，這項新法律沒有一處實行。

第三節　反動

一七九〇年四月若瑟夫二世逝世後，一切恢復舊狀，地制上亦猶一七八九年的整理案頒布以前的情形。諸侯并且企圖取消一七八一年的法規，重建奴役制度，幸奧皇黎阿保爾二世 LeopoldII 未加批准。一七九八年又曾一次修正徭役制度，并頒布法令准許立約的自由，且契約的締結亦僅限於暫時性質，不能視爲有永遠性質的存在。但是奧帝國自此以往，除一八三六年曾一次規正徭役制而毫無結果外，凡半世紀之久，立法上的改革已銷沉下去了。這是奧帝國社會的政治的大反動時期，而在其他國家則早展開改進的新紀元了。

按以前農民的地位實有明顯的改善。其已見諸實行者，奴屬身份及其所納的捐稅已廢除了，農地的撤佃(Bauernlegen)完全消滅了。領主行使的裁判權亦有限制，尤其是關於刑事方面，農民已得國家的保護以反抗領主的荒謬行爲。另有可注意者，農民曾有分配其地產於各兒子的趨勢，特別在一七八九至一八一五年戰爭時，民間欲避免徵募兵役，分產於各兒子的事實尤多；政府看見農場之如此分劃日甚一日，乃竭力加以控制。

在那個時期，尙須指明一事，卽非貴族階級的地產之伸展（資產階級及農民）。這種伸展自然是投機事業的結果。自一七九〇至一八〇〇年許多國家產業賣與非貴族之平民。也有不少農民獲得貴族的地產，他們爲欲買入土地，曾組織一購買會。據其一八〇五——一八〇六年的調查報告謂有十二處的領主地產歸於二百一十五農民之手。政府在貴族階級影響之下，對於這種行動甚爲不安，乃覓限制農民購地，同時禁止領主附近的地產內施行不變的地租制，取締地權及農場的分劃，并不許農民購入貴族的地產；復規定如果「購買會」以團體購入土地時，則農民中之一人須放棄其耕作而升進爲貴族。這些一切立法都是從一八〇一年至一八一一年編訂的，是一個大反動時期的序幕，一直維持至一八四八年。

第四節 最後的解放

當十九世紀中葉尚有許多待革新的問題，尤其嚴重者爲徭役（Robot）問題，農民最憎惡者亦是這種役務。蓋關於役務之契約尚甚少改爲金錢替納也。

一八四六年在卡里西邦內發生農民暴動，尤以達爾諾（Tarnow）爲激烈。因此引起政府的注意。一八四六年四月十三日的勅令遂宣佈改革最招民怨的惡例，并伸張農民所要求的利益。從此帝國本邦亦與其他地方一樣，農民開始自動改革，令地主們震慄起來；是年六月，一百零七個貴族乃上請願書於御派委員司太底翁(Stadion)，提出租稅解放計劃；并由每個鄉村公社(Gemeinde)根據社員的利益，舉行談判。一八四六年十二月十三日的勅令批准由兩方意願締結解放的契約，然而結果一點新的進步都沒有，僅不過煽動農民的希望吧了。

一八四八年的革命，對於解放運動有極大影響。但是農民是沒有政治意識的；他們都一致的僅僅計較經濟狀況及徭役。不過，舉世人士都知道：這還是農民推起了革命的主要的動力。

然而無論政府或諸侯，一點也沒有準備怎樣解決這個問題。一八四八年三月二十八日的暫理法規宣佈廢除徭役，特別在西勒齊，波希米，莫拉威限令於一八四九年三月三十一日起停止徭役，領主則收回其賠償費。但是此法規沒有確定時間性；仍一任兩方的自由締約。一八四八年四月十七日又頒布適用於卡里西及布哥文（Bugowine）的法律，限本年五月十五日起至七月一日止，取消一切徭役及奴屬賦稅，其賠償費則由國家給付。

一八四八年七月召集的國會，三百八十三個議員中，農民議員佔九十二，已實際討論解決解放問題。項斯路力士（Hans-Rulich）的提案引起了很久的辯論，特別關於解放應否賠償的問題，九月七日卒成就一法案：宣佈徹底的廢除一切身份奴屬制及其引出的賦稅與義務，地役的束縛亦完全解放；從此貴族土地與農民土地再沒有法律上的區別。酒類專賣（Weingwang）及啤酒專賣（BierZwang）一律取消；使用收益權的徵收亦概行取締。此次法律并規定廢除領主權利的實施條件如下：

1. 凡是由於奴屬關係及領主裁判權新生的賦稅，一律無償的取消；
2. 貴族地主在地產上所謂有太上權者，其賦稅及役務以低價賠償取消之；
3. 關於貴族地主有地底權及因抵押契約所生的賦稅與役務，必須贖回，始得佔有；宗教的什一稅亦須備款贖回。

贖回價額確定為二十倍於年租，農民清償三分之一，政府負担三分之一，實際上領主僅收回三分之二。解放執行時由區委員保證，政府則任仲裁人。一八五五一年各省設立借貸局所（Grundentlastungfonds），凡農民因贖回地產的借款，每年付回百分之五至四十年償清。

這種改革的成就是很迅速的。在奧帝國發生了極深刻的轉變，從社會觀點上，一八四八年的革命成績，沒有一處能及奧國者。

按奧國解放的結果，對於貴族地主亦猶對於農民一樣的圓滿，貴族地主已再不付給農民的補助費，同時又收得大量的賠款，計西勒齊，波希米及莫拉威三邦，他們收入的賠款七千二百萬弗洛林（Florins）奧國本部各地竟達二萬三千萬。農業經營亦大有進步，固然當土地毀滅了階級權的束縛之後，貴族土地自然失掉法律上的特權；但是事實上貴族階級仍保留其在社會地位的優勢。而且，在波希米，百分七十三的貴族土地仍然屬於貴族資產階級僅獲有百分之七、六九而已。土地私有權所予他們的權威，是沒有變動的。

至於農民，他們已獲得人格的獨立，他們的賦稅減輕了許多，從此，農民進取的勇氣，一天增加了一天，因為這無論在什麼地方，如果他們的地位改善了，他們是最需要進取的。

我們現在把奧國地制的演進與普魯士作一比較，是很有趣味的事。在十八世紀，幸因若瑟夫二世實際上的功績，奧地利是很前進的，十九世紀初期，當奧地利反動潮流膨湃的時候，進步也就停頓了，而普魯士則正是實施其革新運動，迨一八四八年奧國的大改革比之普魯士更為前進，在其地制改進上，結果未嘗剝奪了農民的土地，至少一部份可以這樣說。這很顯然的就是一八四八年的革命在奧國實比較普魯士要澈底得多。

第七章　俄國之解放運動

我們曉得當喀德鄰二世時，俄國的農奴制還是不斷的發展。惟其在位之末年，拉梯施夫（Radischew）等才開始激烈的攻擊這制度，

但是在十九世紀幾個的前半紀，農奴制仍一樣的繼續存在。一七九七年四月五日，沙皇保爾第一（Poul I）對於所限令的徭役每禮拜不得超過三天，禮拜日永遠不能徵役的勅詔，一點也沒成效。勅詔等於一紙空文。亞歷山大第一，甚贊助解放運動，即位之初即秘密的組織一個委員會研究農奴制。但是這個委員會沒有實際的結果，因爲研究委員還不敢攻擊貴族階級。當時只因爲結束召募兵士之人的貿易（譯者按：沙皇時代的募兵是向貴族地主收買農奴，換言之，即貴族地主將農奴賣與政府。）政府乃禁止貿買農奴不得離散其家庭；并宣布農民得與領主磋議身份及土地的解放。後來，巴於士可夫（Batjuschkoff）布士金（Pusckin）威耶曾斯基（Wijazemski）等，發出解放思潮，乃顯現於文學報章，惟被檢查之後，凡此書籍所得允許出版者當然較少，但在大學教授的科學著作中，鼓吹解放運動者尙有許多。

第一節　解放的起因

尼古拉第一（NicolasI）在位時，固然可謂之爲總反動時代，但尼古拉個人是很贊助農民解放的。許多地

產都已由政府收買，那麼這地產上的農民就變爲政府的農民，他們的地位是得改善的。不過在另一方面，刑法條文上猶宣布怨謗主人的農奴處以半歲布(50Knout)的罰金。

這時候，農民對政府的反抗，不斷的增加，暴發了許多農村的騷亂，每次動亂都有成千整萬的農民去參加。計自一八三六年至一八五四年這十八年間竟有一百四十四個地主被農民殺戮的。

出版檢查撤消之後，文字上曾有一致的運動反對徭役。哥哥爾（Gogol）氏的死的靈魂及杜爾格內夫(Towgueneff)的一個獵者的筆記引起了社會人士很大的感動。杜爾格內夫宣稱在農奴制下這樣窒塞空氣裏，他是不能夠生活的，他宣誓願犧牲生命的一切爲反對敵人而奮鬥。

克里姆(Grimée)的戰爭，使解放運動得了一個斷然的信念。當戰爭期間行政措施已失民望，待失敗的噩耗傳來，大家都感到有一次革新及一次復興運動的必要；俄國所有的思想界皆具一番熱情期待改革，他們的興奮認爲這又是法蘭西革命的開端。其站在前鋒者自然是爲愛國的西歐式的自由黨人。然而卽貴族階級亦有不少表示贊助逐漸解放農民者。

一八五七年正月，在新登基的沙皇亞歷山大二世主席之下，組織了一個祕密委員會，討論解放問題。但佔多數的委員不願改變現狀，主張穩健的緩進的改革。大部份的貴族將軍，尤其是在大俄者亦表示反對。然而事有出人意外者，那較有智識的立陶宛尼(Lithuanie)的貴族階級覺知道解放對於他們自己是更有利益的，乃首先實行改革。沙皇致那齊莫夫(Nazimof)書中(一八五七年十二月二十日)是樂立陶宛尼的貴族爲模範的並云解放農奴的身份予農民以土地使用權，農民將仍繼續履行現金稅(Obrok)及徭役的義務。這不晉是此次改革的綱領。

一八五八年一月秘密委員會改爲公開的最高委員會，所有勅詔皆已公布。各省亦組織省委員會，共成立了四十八個委員一千三百七十七人。其時，特威爾 (Twer) 省政府是在自由黨人主持之下；推選恩肴斯基(Unkowsky)爲該省委員會的主席，贊助改革。在內政部有數人，其最可注意者：如尼古拉米柳丁 (Nicolas Milutine) 得沙馬林尼 (Samarine)及蔡卡司基 (Tcherkassky) 公子的援助，堅毅沉勇不妥協的精神執行政策。一八五九年又組織三個委員會，其中兩個是編輯委員會，牠的職務是總合各省委員會的工作報告，其他一個爲財政委員會。那兩個編輯委員會的主席是最熱心改革的羅斯陶秀 (Fostowcew)。

然而貴族階級則始終反對，其基本的要求爲不同意給土地於農民。

一八五九年，編輯委員會的工作已經完成。雖然許多貴族知道將來的改革所得賠償的利益更多，不出一聲，但報告仍只少數贊同政府的意見。不過編輯委員會與各省代表得政府的信任，不管貴族的意思如何，一依沙皇及改革黨人的暗示，擬具計劃。不幸羅斯陶秀中途崩殂，(一八六〇年二月)改革的反對黨人巴寧 (Panin)接充其任。一八六〇年十月十日乃結束編輯委員會事務，而將其工作移送中央委員會。一八六一年正月內閣會議討論計劃已成，二月十九日亞歷山大二世簽字，三月二日遂行公佈。這卽吾人所習聞的俄國一八六一年的大改革。

第二節　解放的經過

農民的解放，第一步就是把農民身份從一切農奴制下解放出來。尚有家庭農奴約一百萬人則定於兩年內解脫一切奴屬關係。但這些解放的農民還是沒有領得土地；故許多仍繼續服役於他們的原主，而爲自由的奴樸，或者移居於都市中去。

對於耕作者，在原則上應該將其使用的土地讓與他們。於此，分配額之確定成了一個困難問題，後乃決定其最高額與最低額，最低額爲最高額三分之一。按此種分配額之參差乃隨地方情形之不同：在大俄北部每分配額應有三至七俄畝Déciatines（每俄畝約當一公頃）在黑地地帶內爲二又三分四至六俄畝；西比利亞大荒原中爲三至十二俄畝，小俄則爲二又三分四至四俄畝半，又制定特別法律適用於西北部及東南部。依照地帶及土壤以確定土地租佃的價格。

這時候，還沒有贖回地產之事，農民尙應『暫時容忍』，這便是說他們仍須履行納現金稅（Obrok）及徭役；不過徭役已不是漫無限制，而確定每年不能超過四十天，每天的工作，夏季爲十二小時，冬季則九小時。

關於贖回的一切困難概由和平裁判會（Mirovye posredniki）處理，其裁判員係由貴族地主中選擇的，他們大抵倒還有良心與公平。贖回分為兩種方式：或者由兩方自由契約（例如地主與密爾），或者由地主及借貸機關提出，此時地主當然要讓渡其權利。關於後者的場合，政府替農民先付償地主應收的百分之八十的現款，然後由農民每年償還國家百分之六，以四十九年為止。但農民以為應當無條件的獲得土地，而贖回的條件又非常苛刻，故對此甚不熱心。在贖回當中百分之六十至六十五是由地主發動而成就的，此可見農民對於贖回的冷淡了。一百二十三項條文載領主在其賣與農民的法定地數量內，得放棄其法定最高額四分之一贈與農民；但這仍是損及農民的條件，所以農民甚少承認。

因此贖回的進行甚為遲緩，一八七五年計仍有二百五十萬農民未得圓滿解決，他們終歸還是「暫時容忍」者。

在王侯采地的農民，自一八五八年及一八五九年已看見其身份是解放的了。一八六一年又解除徭役及納金稅，一八六三年復允許他們使用的一切土地從此為他們自己的地產。

至於國家私地的農民，他們已經是自由了，但是他們所負擔的賦稅雖因地方情形而有不同，但總比之他處（譯者按：所謂他處是指貴族地主的土地及王侯采地）要重得多。一八五七年基司賴夫（Kisseleff）為業產部長（Ministre du domaine），他是擁護農民的利益的，財政問題非所注意；乃開始廢除田賦不平等的籍規。穆拉威（Muraview）（自一八五七年以後）繼任部長，田賦曾一度增加，但一八六三——一八六四年間已制定一律的田賦制了。

當時並決定扶植國家地產內的農民，使其成爲完全自耕農，此種辦法先令農民付給贖買價總額五分之一，其餘則在二十年期間每年償還百分之五。進行結果很是滿意。因此國家地產的農民所獲得的土地比他處要多，他們所付的款子亦多二倍或二倍半以內——一八七一年實行改良南部殖民的狀況。

玆把解放以來農民所得的土地統計如下：

農民種類	農民數目（單位千）	百分率	所得的土地（單位百萬俄畝）	百分率
領主私地的農民	一〇、〇五〇	四五	三三	二九
王侯采地的農民	九〇〇	四	四	四
國家地產的農民	九、六四三	四三	五七	四九
其　他	一、八〇〇	八	二一	一八

從上表看起來，國家地產的農民確是較優待的；至若領主私地內，其居民佔農村總人口百分之四十五，而僅獲有百分之二十九的土地，其相差很大。

一八六三年波蘭叛亂之後，俄國政府遂決心改革波蘭的地制，鼓勵農民反對叛亂的貴族，因此波蘭的解放運動，對於反叛的貴族地主無所顧恤，故其進行比之俄國尤爲迅速。一八六四年的勅詔允許農民獲有自一八四六年以來所收益的一切土地，換言之卽自沙皇尼古拉時代頒布禁止減少所已分配於農戶耕作的土地之勅令以後，農民使用的土地卽歸其所有。按俄國農民在解放以前使用的土地非屬自己所有，卽解放以後得有地權者亦微乎其微，而波蘭此次改革，農民所得較之俄國實多，每個農戶平均領有土地三十天至六天（Morg），換言之卽十五公頃至三公頃。其贖回的價額亦比俄國爲低，且付給贖價於地主者，不是農民而是政府。土地之測丈已經完成，執行之者亦不是貴族充當的所謂和平裁判員，而是俄國所派的委員，此等俄國委員對於地主是甚不留情的，波蘭農民得此機會受賜特多。改革之後，農民仍保留森林，公共草地及其舊時領主土地的收益使用權。且自一八六六年，國家地產及沒收的教會土地又分配於農民，農民益增所得的分配額，按此種改革決定了波蘭農業上的大進步：其墾荒生產的土地達五十萬公頃以上；穀物及獸畜生產大有增加，十年之間竟達二倍，卽貴族階級自己的收入亦豐裕起來。總之，波蘭農民向來俯首貼耳馴服於貴族地主的淫威之下者，於今已開始振作其獨立的精神了。

第三節　解放的結果

關於解放的結果要明確的公正的敘述是很困難的，我們可就兩方面看，一方面是貴族地主的觀點，另一方面是農民的觀點。

在貴族地主方面，農民的解放沒有給他很大的損失，因為他們得了許多賠償的款子。固然，解放之後，他們當中也有潰崩下去的，但這多是因為他們自己的經濟情況已經很壞，農奴的解放乃促其破產而已。反之，其他貴族，自此以後自己亦從事農業經營，增加了不少的收入。然貴族中亦有幸與不幸，這大概可分幾個地方來看：北部黑地範圍內，勞力不感缺乏，地主很容易找到自由勞動者；在南部荒原，則適與此相反，欲僱人工耕種田地則較為困難；在俄國極北部，因人口非常的稀疏，地主幾乎全數迫得放棄其地產，而移徙於都市，另找職業。總之，改革以來貴族地主已不能如前時的優游生活了，他們應該自己參加經營，才能維持原狀，否則只有賣去土地。

至於農民方面，他們深深的受了奚落，蓋他們以為沙皇將把所有土地給與他們，至少亦以為所獲得的土地不用付款賠償。但事實上所分配他們的土地數量上是不能令其滿足，因此農民缺乏土地的情形與人口急劇增加所發生的影響同其嚴重，所付給的償款又太高，往往超過其土地的收入。因此，農民的階級意識油然而生，叛亂的醞釀，不知其若干次了。

此外，關於農民在此次解放中所得的實利究有多少的問題，這在各地方多有不同的情形。在大俄富庶之區，農民的地位實有改善的希望；貧瘠的省份尤其是北部，他們實不堪勝任解放所予的負担，迫得只有遷徙。從前貴族所補助農民的生活維持費，於今已沒有了。一八七〇年恰遇十三省的收成不好，田地的播種減少了百分之十五，收獲物減少百分之二十八，獸畜減少了百分之十七。

因此，一八七一年政府在許多地方實行減少農民的償款，本來此種政策，在立陶宛尼於波蘭叛亂結束後，卽自一八六三年起便已施行，獨俄國各國遲遲未行能了。一八八一年的勅詔令三十九省內普遍的減少償款百分之二十七，又強令農民必須贖回此地。當一八八六年，國家地產內的農民已普遍的執行這政策。

此次解放沒有直接影響到農村公社，（密爾Mir）反之它倒增加了從舊時領主地產分配得來的土地。密爾仍舊將其土地劃分若干分配額於社員與三圃制度相若，農民始終還是附着於公社所給與的一塊土地之上，但是農民家庭已不若昔日的情形而開始瓦解了。

許多理想家希望俄國這次改革，在土地解放與農民土地扶植的運動中，應防止產生像西歐一樣的無產階級。但這是一個空想。農民仍不能僅以耕作土地以維持其生活，迫得非找副業的來源不可。於是家庭工業在鄉村中非常的發展，好像是特為農民着想似的。但是自資本主義大工業進步以來，鄉村的家庭手工業便崩潰下去，資本主義大工業的進步恰恰又是解放招致的結果。

許多農民仍舊與從前一樣，到城市去做臨時性質的工作。但是，大工業的發展，是在若干一定的地方（特別是莫斯科，聖彼特斯堡（Saint Petersbourg）其所需求的勞動者，要有一部份是確定的長期的。於是都市的無產階級產生了。許多農民當解放時已經負了債，及其失敗，而投機事業者及放高利貸者又迫得他們永遠做了土地的奴才。那麼，革命的志士這時候也許站在農民方面而宣稱土地是農民的，這豈不是可以驚愕的事？

解放後社會上另形成一現象，是把農民中因經濟的地位不同，又劃了更深的階級，當農民大衆仍繼續活在同一悲慘的命運之下，有些農民則因改革而提高其優越的地位，已朝進到資產階級之列了。農村的投機業者更明顯的增加，尤其是黑地的南部地帶。

土地問題在俄國確乎比任何國家要來得重要；且在各種問題中，土地問題是居其首位。解放運動固然由政府計劃主持的，但當時也是一種革命，其意義與法國革命一樣的大。它促進了新俄羅斯的產生；它在這廣大的國土中播下了工業資本主義的種子；它引起了許多社會理想家及學者對於農民階級生活的注意。所以此次解放實兼有兩重意義，除完成其時代的使命外，它又埋伏了將來政治運動的起因，這種政治運動經長期的醞釀將產生更徹底的革命，這革命或許達到向來所未有的人類社會。

結論

從土地制度之各種形態研究，如歐洲十八世紀所顯現於吾人眼前者，使吾人發現許多興味的史實，幷供給吾人作此結論時以寶貴的資料。在敍述分析之前，人們當感受到一個深深的矛盾，即以愛爾帕河分界的東歐土地制度與西歐土地制度的迴然不同。

一

法蘭西在西歐各國中其土地組織的形態是最完善的。論地制中的兩種陣營，沒有一國像法國一樣的堅固；論農民的地位，沒有一個比法國取得更大的身份自由，論農民的土地，亦沒有一國比法國維持得同樣的穩定。於是，有人辯說法國沒有一個農村勞動階級；且特權階級散亂的土地，無法使之大規模的經營；這是中小農經營的制度，不很適宜於農業的進步。在另一方面，特權者亦僅參加一小部的耕作，因爲他們總是就領主制度者收入而生活的。在西德意志，其地制極相似於法國；領主土地之組織及農業經營的方法亦同一性質。所不同者，西德意志的農奴數較多，貴族地主沒有裁判權而已。德國西北部，沒有大農場的經營，而農民却佔農村經濟首要位置；且因Meiregut（佃租地）的存在，反映于地制上判然與西南部不同，其不同的特徵，較之以農有地佔優勢的法國尤爲顯著。

英國在地制上供給吾人一個新穎的形態；蓋英國的地權及農村社會各階級的演進本來極似於法國，其農村組織的最後階段與東部各地亦復相同，惟因其十八世紀發生的土地集中及農業大企業的成功，於是遂構成一個新形態夫英國貴族紳士卒能達到其土地兼併的政策者，這很顯然，就是他們握有政治大權的結果。同時，這也是由于政治的野心，英國對愛爾蘭的侵略，竟以暴力奪其地主之所有，改變了其地制上固有的特徵；且英國侵愛之後，復用強力高壓政策使愛之農民陷於至殘酷之境地；英人固未嘗實行與其本國相同之大企業的經營，然而却令愛之農民僅爲貧乏可憫之田主；縱觀全歐實無一國有如愛爾蘭的農民蒙受地制演進如此重大損失者。

在愛爾帕河以東的歐洲，吾人亦見其地制上所佔優勢的特質。當近古紀初葉，東歐諸國建立了貴族大領地，每個領地都是整個的一大塊，地主亦靠其領地的農業企業爲主要收入。十六世紀以降幾次大戰爭的結果，許多農地歸併於貴族的領地；農民的佔有權從此變爲極不穩定，農民之被奪佔更其容易，而奴隸地位亦愈形嚴重了；同時貴族地主因大企業之進行，勞力的需要亦日益加甚。此種現象出來的原因，即貴族階級握有政治的權力，與麥子輸出的增加；蓋麥子輸出增加，使生產更注意於集約，而增進貴族地主的農業企業，亦勢所當然。

有些地方，如薩克斯選區形成兩種地制折衷的地帶；彼處可以看見像東歐奴役制一樣的特殊底社會構造之發展，以及無限制的徭役制度之擴大。

在普魯士君主國各地，完全充滿了東歐地制的特色，終身永佃制之發展，家僕奴役制的構造，奴屬地位的擴大等皆同時並進。普王雖屢欲在其私有領地內改善農民的生活，但他却不能實施於貴族的領地；不過普魯士的中央權力在若干政策上已經控制地主的壟斷土地了。

與帝國東部的地制與普魯士相同，且尤臻完善，它已建立私人大領地而為眞正的 Latifundia，農民佔有地極為不穩定；農民的役務亦不斷的發展，其束縛亦日形嚴重；政府的努力與專制的威嚴都屬枉然，事實還是讓貴族握有經濟的社會的優勢。

波羅的海東部諸國幸賴貴族階級政治意識的進步，地制上已臻於盡善盡美；所謂東部諸國即指丹麥及兩公國而言。至於立宛尼，農民所處苦境，比其他受多次外來侵略的國家之農民尤為慘酷；種族的不同，使領主與屬民的隔閡尤深，領主拼命將麥子輸出，因而穀物的貿易佔了極重要位置，而屬民則為其十足道地的奴隸了。

最後說到俄國，我們在那裏看出其對人的地役權。本來俄國的農民當中世紀時是絕對自由的，但到了近世紀則變為貴族地主的財產之一部了。他們在專制領主的壓迫之下，一點也沒有保障，他們沒有眞正自己所有的地產；他們被貴族賣買好像百貨公司的貨品一樣，然而俄國經過了長久時期還不曉得封建制度，也不曉得個人私有財產制度，迫其封建制度以及農奴制本身實現之後，似乎與西歐中世紀時一樣，實際上是贊助了農民地權的建立；佃農漸漸解放出來，卒致獲有土地傳襲的使用權。反之，在其殖民的地方，在經過長期的集產制度的地方，農奴制度是不存在的——這是俄國及愛爾蘭的場合——及到了貴族階級的勢力漸漸伸展的時候，它就把農夫壓迫到奴隸的地位，奪去他們的土地權，它的經濟權勢遂逐漸專制起來。

二

至於十八世紀末及十九世紀的農民解放運動，其方式與政策則隨地制上及各地農民環境上的特殊情形而有區別。

方農民的解放運動始於西歐，始於法國之日，正彼處農民行使其相當的經濟獨立之時。彼處農民解放就是在領主制度下所受種種的壓迫下解脫出來，并使其所獲的地產益充實其所有權。那專制的公僕，沙宛國公首先做了一個解放的榜樣。但是，在法國應有一個更澈底的政治的革命，才能保證農民的自由；革命的議會在嚴厲的履行其任務。由於領主制度的完全廢除，農民的地產始得充分的解放，由於革命的結果，卒致增加了農民的土地，那特權者的地權雖沒有完全毀滅，但已受動搖了。

各國之解放運動受法國革命的影響，是明顯的事實，然其影響於農民解放的澈底與否，隨着地方情形之不同而有差別，蓋當革命時，有些地方為法國所併吞，或為其附庸，其影響較深，自不待言：按萊因河左岸，舊地制已完全的乾脆的廢除了；若在河之右岸，如自爾（Berg）大公國及威斯法利（Wesphalie）王國不過執行「

憲政會議』之機會主義的政策，而其農民解放僅在草稿中而已。

德國西南部僅受法國革命間接的影響，但各諸侯欲利用農民以防禦拿破命的侵略，遂在其自由約法上允許解放農民；迨一八三〇年及一八四八年的革命，更促進其運動而卒底于成。且一八四八年的革命就是以解放農民為中心。

然而，一八四八年革命的社會影響未有一處如奧地利帝國所受之深且鉅。昔者瑪麗箔瑟斯的努力，若瑟夫二世的澈底改革，竟被貴族階級的頑強抵抗而流產，且自一七九〇年後復發生長期的嚴重的大反動；一直至一八四八年革命之前夜，奧之舊時地制實未嘗有絲毫的更變。經過一八四八年的革命，始根本剷除舊制，而農民解放則比東歐任何國家為澈底和完善。

反之，在普魯士君主國之東部，解放運動固然改善了富農的地位，給與一切農民階級法律上的自由，然而，對於貴族階級利益的扶助尤多，貴族土地反因農民解放而擴大，佃農的耕地被收買去了，他們遂多變為工資的勞動者，而被僱傭於地主從事農業的直接經營。這是普魯士政府為貴族利益而打算，故有保護地主的政策。

若謂波羅的海兩公國，尤其是丹麥的農民解放完全另具其特徵，若謂其農民的地權已從此確立，這就是因為貴族階級已失去其政治勢力，政府放任民主運動的發展之結果。然而在立宛尼，地役權則仍極強固；領主地產的消滅乃很遲緩的事。

俄國土地制度具有特別的形態，故解放運動與其他國家所採用的方式不同。以時間論，歐洲各國的農民解放，要算俄國爲最後；以方法論，俄國的解放是由於沙皇專制朝庭的計劃，這是獨一無二的特色。俄國農民當時無任何名義佔有土地，農奴尚蔓延全國，一旦要廢除農奴制同時又要給農民以土地，是極困難的事業。迫宣佈改革之後，農民所需要的土地已得以金錢贖回，但贖回的條件對於農民是窒礙難行的，所以進行甚爲遲滯，且農民真正的個人的地權猶未確立，大部份場合乃由農村公社（密爾）定期的分配土地於其社員，其分配額非即個人的私產。後來，農民所接受的土地又非常的不足，難以維持生活，他們寧願投到都市中去，因此，解放就是促進工業無產階級的發展，同時并播下資本主義的種子。論者謂這是新俄羅斯的誕生，雖改革的一切計劃都是出于政府，但這也算是真正的革命，就其經過看來，其意義之重大幾乎與法國革命一樣。

從俄國的例子觀察，土地制度的變革對于近代資本主義的發展實有嚴正的啓示。在英國亦是如此，土地的集中顯然助成了工業資本主義的進步。然在另一方面，財富之增加，資本的充分，對於農業經營的發展自有其真實的力量，所以在地權集中的地方，如普魯士的貴族地主(Junker)，當其在領地內建造啤酒廠，釀酒場，製糖廠的時候已做成資本主義者的事業，他們同時又有一種狂熱來推動農產品輸出的增加。

我們在此史綱中也可看見經濟現象與政治現象的交互的作用。在法國若謂地制改革僅伴政治革命才有可能，然而當時的農民問題就是給了這個革命的要素。另一方面，就歐洲大部份看來，一八三〇年，尤其是一八四八年的革命，竟斷然的廢除了舊時土地制度及領主制度。

在有些地方，如普魯士因貴族階級握有政治的大權，地制的演變，還是特別有利於他們自己的；反之，在有些地方，如丹麥，貴族階級的政治勢力已經崩潰，故得建立農民的地權；就是在英國，也因爲民主思潮的進步，有人提出耕者自有其田或農民自己經營的政策，然而這是要看貴族地主的意見如何而定的。至於愛爾蘭人民爲國家解放獨立而奮鬥，使英國政府也努力於土地問題的解決。

參考書

原著之參考書甚多，幾乎每頁皆有附註參考書目，茲擇其較主要者編列如下：　——譯者

一　關於法國部份：

Henri Sée: Les Classe rurales et le régime domanial en France au Moyen-Age, Paris, Grard et Briere, 1901

——: Les Classes rurales en Bretagne des XVIe siècle à la Révolution

——: La postée du régime seigneurial en France au XVIIIe Siecle, 1908 (Revue d'histoire moderne et Contemporaine)

——: Les Variation du revenu et du prix des terres aux XVIIe siècle' (Annales del'Ecole des sciences politiques, an. 1893

——: La question de la Veine pature en France à la fin de l'ancien Régime (Revue d'histoire économi que et sociale, 1914)

H. Sée et A. Lesort: Cahiers de doléances des villes et paroisses de la sénéchaussée de Rennes, 1909.

Vermale, Les classes rurales en Savoie au XVIIIe siècle, 1911

Léon Dubreuil : Les Vicissitu des du domaine congéable, 1916

Chassin : L'Eglise et les derniers serfs.

Paul Darmstaedter - Die Befreiung der Xeibeigenen in Savoyen, der Schweiz und Lothringen, 1897

I. Loutchisky - L'etat des classes agricoles en France à la Veilledе la Révolution, 1911.

—— : La propriété paysanne en France à la veille de la Révolution, principalemment dans le Limousin, 1912.

—— Quelques rem arques sur la Vente des biens nationaux, 1913.

A. Rebillon : La situation économique du clergé á la veille de Ré olution dans districts de Rennes, Vitre et Fougeres, 1913.

Ch. Guyot : Le métayage en Lorraine avant 1789, 1889.

Sauzet : Le mètayage en Limousin, 1897.

Sion : Les paysans de la Normandie Orientale,

C. Vallaux: La Basse-Bretagne, 1906

Roger Grand: La tenure de complant depuis les origines jusqu'à nos jours, 1917.

Kareiev: Les paysans et la question paysanne en France dans le derniesr quart du XVIIIe Siécle, 1899

M. Marion: Etat des classes rurales dans la généralité de Bordeanx.

Kovalewsky: La France économique à la veille de la Révolution, 1909

Andre Giffard: La justice seigneuriale en Bretagne, 1900

H. Marion- La dîme ecclesiastique en France au XVIIIe siecle en sa suppression, 1893

Sagnac et Caron: Les Comités des droits féodaux et de législation et l'abolition du régime seigneurial, 1906

Aulard: La Révolution française et le régime féodal.

Tugot: OEuvres de Turgot.

Mascel Marien, Histoire financiére de la France depuis 1715, 1914

De Calonne: La Vie agricole dans le nord de la France sous l'ancien régime,

Afanasiev: Le Commercrce des céréalès en France au XVIIIe siècle.

Mauguin: Etude historique sur l'administration de lagriculture

Weulersse: L'expansion de doctrine physiocratique de 1736, 1770, 1911.

Babeau: La vie rurale sous l'ancien Régime 1885.

C. Bloch: L'assistance et l'Etat à la veille de la Révolution, 1908

Levasseur: La population française.

Ph. Sagnac: La législation civile de la Révoluation française, 1898.

—— : La Révolution.

Pierre Kropotkine: La Grande Révolution, 1909.

Marcel Marion: La vente des biens nationaux, 1908.

二 關於英國部份

Aschley: Histoire et doctrines économiques de l'Angleterre, 1900.

Thor old Rogers: Histoire du travail et des salaires en Angleterre depuis la fin du

XIIIe siècle 1897.

Vinogradoff: villainage in England, 1892.

—— : Growth of the manor, 1905.

W. Stubbs: Histoire Constitutionnelle de l'Angleterre 1913

Seebohm; The english village Community, 1888

Gilbert Stater: The english peasantry and the inclosure of Commonfields, 1907.

Th. Rogers: A history of prices and agriculture in England, 1902.

Mantoux: La révolution industrielle au XVIIIe siècle, 1905.

Cunningham: The growth of english industry and commerce in modern times, 1903.

Daniel de Foe: A tour through the whole island of the Great Britoin (1724-1727).

Prothers: The pioneers and progress of english farming, 1888.

Bonn: Die englishe Kolonisation in Irland, 1906.

Lecky: History of Irelande, 1892

De Pressense: L'Irlande et l'Angleterre, 1889.

Brodrick: English land and english Landlords

Sigerson: History of land tenure in Ireland.

Paul Fournier: La questisin agraire en Irlande, 1882.

L. Paul-Dubois: L'Irlande contemporaine et la Question irlandaise, 1907.

三 關於德奧部份

Th. Knapp, Gesammelte Beitraege Zur Rechts-und Wirtschaftsgeschichte, vornehmlich des deutschen Bauerstandes, Tübingen, 1902.

—— Ueber die vier Dörfer der Reichstdadt Heibronn.

—— Die Leibeigenschaft in Deutschland seit dem Ausgang des Mittelalters.

—— Das ritterschaftliche Dorf Haunsheim in Scnwaben.

—— Bäuerliche Leibeigenschaft im Osten.

—— Die landliche Verfassung Niederschlesiens, 1894

—— Bauernbefreiung in Preussen.

—— Grundherrschaft and Bittergut.

—— Die Landarbeiter in Knechtschaft und Freiheit.

Th. Ludwig, Der badische Bauer im XVIII ten Jahrhundert, 1896.

Hausmann, Die Grundentlastung in Bayern, 1892.

Wittich, Die Grundherrschaft in Nordwest Deutschlands, 1896.

Wilhelm Naude', Die Getreidehandelpolitik der europäischen Staaten vom XIII ten bis zum XVIII tem Jahrhundert, 1896.

—— Deutsche städtische Getreidehandelspolitik vom XV ten bis zum XVII ten Jahrhundert, 1889.

Fr. —Joh. Haun, Bauer und Gutsherr in Kursachsen, 1891.

Robert Wutke, Gesineordnungen und Gesindezwangsdienst in Sachsen bis zum Jaher 1835.

Fr. Grossmann, Veber die gutsherrlich-bäuerlichen Rechtsverh ält nisse in der Mark Brandenburg, 1890.

Meitzen, Die Boden und die landwirtschaftlichen verhältnisse des preussischen Staats,

1868—1869.

Josef Silbermann, Der Gesindezwangsdienst in der Mark Brandenburg, 1897.

Rud. Stadelmann, Friedrich-Wilhelm Ier in seiner Thätigkeit für die Landeskultur Preussens.

Von Brünneck, Die Aufhebung der Leibeigenschaft durck die Gesetzgebung Friedrichs des Grossen und das allgemeine preussische Landrecht.

Jos. Redlich, Leibeigenschaft und Bauernbefreiung in OEstereich.

Grünberg, Die Bauernbefreiung in Bohmen, Mahren und Schlesien.

L. Lèger, Histoire de l' Autriche-Hongrie.

E. Denis, La Bohême depuis la Montagne Blanche.

Gooch, Germany and the french Revolution, 1920.

四　關於俄國部份

Engelmann, Die Leibengenschaft in Russland,

Keussler, Zur Geschichte und Kritik des bauelichen Grundbesitzes.

D. Mackenzie Wallace, Russia.

An. Leroy-Beaulieu, L' empire des Tsarset les Russes.

Haxthausen, Etudes sur les instututions nationales de la Russie.

Tikkomirov, La Russie politique et sosiale.

Blumenfeld, Les formes de la tenure du sol dans l' ancienne Russie.

P. Milioukov, Essais sur l' histoire de la civilisation russe.

Semevsky, Les paysans sous Catherine II.

W. de Covalevsky, La Russie à la fin du XIXe siècle.

—— Le regime èconomique de la Russie.

五 其他：

Christensen, Agrahistorische Studien

Holst, Histoire de Danemark au XVIIIe siècle

Hupel, Miscellanea

Kolderuys Roseringe, Dänische Rechts geschichte,

Allen, Histaire de Danemark.

Transehe-Rosenck, Gutsherr und Bauer in Livland im XVIII ten und XVIII ten Jahrhundert.

Beauchet: Historie de la propriètè foncière en Suède.

中華民國二十四年九月初版

十八九世紀歐洲土地制度史綱

全一册 定價 平裝一元 精裝一元三角五分 （外埠酌加寄費）

原著者 H. Sée 教授

編譯者 郭漢鳴

發行人 吳秉常

印刷所 正中書局 南京河北路本局

發行所 正中書局 南京河北路龍家巷口 南京太平路